Aleksandra Majzlic

Mut zum Protest

Erfahrungen von DDR-Zeitzeugen

zuKlampen!

Umschlaggestaltung: © Stefan Hilden · München · hildendesign.de
Covermotiv: © HildenDesign unter Verwendung eines Motivs
von shutterstock.com
Satz: Germano Wallmann · Gronau · geisterwort.de
Druck: BoD – Books on Demand GmbH · Norderstedt

ISBN 978-3-86674-602-2

Bibliografische Information der Deutschen Nationalbibliothek
Die Deutsche Nationalbibliothek verzeichnet diese Publikation
in der Deutschen Nationalbibliografie; detaillierte bibliografische Daten
sind im Internet über <http://dnb.dnb.de> abrufbar.

Aleksandra Majzlic

Mut zum Protest

Für meine Eltern Helga und Elio
sowie meinen Lebenspartner Stefan

Inhalt

Vorwort von Katrin Sass 11

Einleitung 17

Porträts

»Mein Schicksal macht mich stark« 24
Katrin Behr hilft Menschen, die in der DDR zwangsadoptiert wurden – wie sie selbst

»Wenn jemand seine Schuld eingesteht, kann ich vergeben« 35
Gilbert Furian interviewte seinen ehemaligen Stasivernehmer, DDR-Juristen und Spitzel

»Ich wollte aus Liebe zu meinem Freund in den Westen« 45
Mario Röllig wagte die Flucht und setzt sich heute mit Ex-Stasileuten auseinander

»Wir bestrafen die Täter, indem wir das Schweigen brechen« 53
Corinna Thalheim klärt über sexuelle Gewalt im Jugendwerkhof auf – als Betroffene

»Für mich war die DDR eine einzige Lüge« 61
Monika Lembke kämpfte mit Gleichgesinnten in der Gruppe *Weißer Kreis* für die Ausreise

»Heute wird die Diktatur oft verharmlost« 70
Kai Feller erhielt Abiturverbot –
wegen öffentlicher Regimekritik in der Schule

»Wir haben in Grenzen gedacht und wollten
im Land etwas verändern« 79
Evelyn Zupke entlarvte mit ihren Weggefährten
im *Weißenseer Friedenskreis* 1989 den Wahlbetrug

»Die Kirche muss deutlich zu hören sein« 88
Almuth Berger setzte sich vor und
nach der Wiedervereinigung für Ausländer ein

»Wir lassen uns in den Friedensgebeten
nichts vorschreiben« 96
Hans-Joachim Döring war einer der Initiatoren
der Montagsgebete in der Leipziger Nikolaikirche

»Noch sechs Tage hätte die Stasi gebraucht,
dann hätte sie uns gehabt« 105
Günter Wetzel flüchtete mit seiner Familie im Ballon
in den Westen

»Man singt sich die eigene Angst von der Seele« 114
Wolf Biermann prangerte in seinen Liedern
die Diktatur an und wurde ausgebürgert

»Mut wächst meist, ohne dass man es bemerkt« 121
Bärbel Bohley stritt erst für DDR-Reformen
und dann für die Aufarbeitung der Diktatur

»Ich war das, was man eine Überzeugungstäterin nennt« 128
Melanie Weber unterstützte Häftlinge und ging
gegen das Vergessen an

»Die Universität ist keine Parteiinstitution« 132
Georg Wrazidlo protestierte gegen
den sowjetischen Einfluss an den Hochschulen

Anhang

Glossar 136
Chronik 151
Dank 160
Verwendete Literatur 162
Über die Autorin 166

Vorwort

Wenn ich an die Friedliche Revolution von 1989 denke, habe ich vor allem ein Plakat vor Augen. Darauf stand dieser großartige Satz von Rosa Luxemburg: »Freiheit ist immer nur Freiheit des Andersdenkenden.« Ich war damals am Schauspielhaus in Leipzig engagiert und immer montags vor der Nikolaikirche. Es war jedes Mal ein spannender Moment: Die Tür ging auf, junge Leute kamen heraus, langsam und ganz leise. Sie holten unter ihren Jacken Transparente hervor, rollten sie aus. Dann setzte ein Sprechchor ein, erst kaum vernehmbar, dann immer lauter. »Wir wollen ein offenes Land mit freien Menschen«, skandierten sie. Es klang fast wie ein Gesang. Wunderschön. Ich kriegte Gänsehaut, heulte. Aber auch daran erinnere ich mich: Plötzlich waren wir alle umstellt. Ich bekam mit, wie Typen in Zivil vor der Kirche blitzschnell die Gummiknüppel aus den Jacken zogen. Man sah ihnen die Bösartigkeit richtig an. Sie prügelten diese mutigen Demonstranten auf den Lkw. Das war schrecklich.

Einer meiner Schauspielkollegen geriet auch einmal in so einen Tumult, kurz vor Beginn der Theatervorstellung. Er wurde geschlagen. Aus Versehen, weil er verwechselt wurde. Ich sagte zu ihm: »Du hast kaputte Knie und eine Verletzung am Kopf, so gehen wir jetzt vor das Publikum.« Aber das ging natürlich nicht.

Wir schlossen die Fenster und probten fleißig weiter, während die Demonstranten an unserem Theater gegenüber des Staatssicherheitsgebäudes vorbeizogen. Kein Wunder, unser Leiter war Mitglied im Zentralkomitee (→ Glossar »Zentralkomitee (ZK) der Sozialistischen Einheitspartei Deutschlands (SED)«, S. 150). Einige von uns schlichen sich dennoch immer montags zur Nikolaikirche.

Ich finde die Leute so toll, die sich als Erste in die Nikolaikirche trauten. Ich glaube, es ist in der Öffentlichkeit gar nicht so bekannt, dass die ersten Montagsgebete in Leipzig schon Anfang der Achtzigerjahre stattfanden. Damals hatte ich nicht den Mut, mich in die Riege der Demonstrierenden einzureihen. Das ärgert mich heute sehr. Ich hätte in der DDR mit Musik den Kampf erklären sollen – wie es Dunja Hausmann in der Fernsehserie *Weissensee* wagt. Ich spiele diese Rolle einer regimekritischen Sängerin in der Diktatur, sozusagen einen weiblichen Biermann.

Als Jugendliche wusste ich gar nicht, wer Wolf Biermann überhaupt ist. Das erfuhr ich erst an der Schauspielschule. Nach der Ausbürgerung des unbequemen Liedermachers 1976 gab es eine Razzia in unserem Studentenwohnheim. Alle Biermann-Kassetten mussten verschwinden. Die Studenten schoben einige in den doppelten Boden eines Vogelhäuschens auf dem Balkon. Andere Bänder versteckten sie in ihren Stofftieren. Eine Freundin nähte ihre Kassette ins Kopfkissen ein. Abends holte sie das gerettete Stück wieder heraus. Wir tranken Rotwein, zündeten Kerzen an und hörten heimlich die oppositionellen Lieder. Ich war begeistert und dachte: »Das ist ein toller Typ. Der macht tatsächlich was.«

Ich finde es wichtig, dass Aleksandra Majzlic bekannte, aber vor allem auch weniger bekannte mutige Menschen in diesem Buch präsentiert. Diese Menschen boten den Oberen in der DDR die Stirn und beteiligen sich heute an der Aufarbeitung, indem sie schildern, wie die DDR wirklich war und wozu ihre Diener fähig waren.

Wirklich Herausragendes leistet Katrin Behr in ihrem Berliner Verein *Hilfe für die Opfer von DDR-Zwangsadoptionen*. Bei der Verleihung des Medienpreises Goldene Henne 2014 in Leipzig lernte ich sie kennen. Katrin Behr wurde für ihre Arbeit in dem Verein ausgezeichnet und ich durfte die Laudatio halten. Leider wird Zwangsadoption noch immer als Tabu behandelt. Dagegen geht Katrin Behr an. Als Kind wurde sie selbst zwangsadoptiert. Das Familiengericht hatte das über den Kopf ihrer Mutter hinweg beschlossen – ein unbegreiflicher Missbrauch staatlicher Gewalt (→ Glossar »Justiz«, S. 142 f.). Erst nach der Wiedervereinigung (→ Glossar »Wiedervereinigung: die entscheidenden Schritte vom Mauerfall bis zum Tag der Deutschen Einheit«, S. 148 f.) sahen sich Mutter und Tochter wieder. Unzählige Zwangsadoptionsfälle sind hingegen noch nicht aufgeklärt. Deshalb ist es so wichtig, dass Katrin Behr die Betroffenen bei der Suche nach ihren Angehörigen unterstützt.

Meine Bewunderung gilt auch Bärbel Bohley. Ich traf sie leider nie. Bei der Trauerfeier in Berlin anlässlich ihres Todes 2010 durfte ich Zitate aus ihren Texten vortragen. Die Einladenden hatten gemeint: »Bärbel Bohley hatte so eine Direktheit und Schnodderigkeit. Wäre schön, wenn Sie das lesen könnten.«

Ex-Stasileute trauern der DDR heute nach. Bei der Vorstellung des Buchs *Drachentöter. Die Stasi-Gedenkstätten rüsten auf* vom früheren Stasioffizier Herbert Kierstein in Berlin platzte mir der Kragen, als einige der einstigen Stasitreuen über Demokratie redeten. Behaupteten, sie finde in diesem neuen Deutschland nicht statt und dies sei in der DDR ganz anders gewesen. Da ging ich sehr laut dazwischen und rief: »Wenn es diese Demokratie heute bei uns nicht gäbe, würdet ihr Verbrecher da vorne nicht stehen!« Plötzlich packte mich ein junger Bursche an und schrie: »Raus!« Aber die Demonstranten stellten sich mit ihren Plakaten um mich herum und schützten mich.

Einer von ihnen war Mario Röllig. Ich hatte ihn bei einer Theateraufführung in Potsdam kennengelernt. Als ehemals Inhaftierter von Hohenschönhausen wirkte er in dem Stück *Staats-Sicherheiten* am Hans-Otto-Theater mit. Die Vorführung war sehr emotional. Ich sprach Mario danach an, sagte, wie toll ich das fand. Er und seine Schicksalsgefährten versuchten nicht, das Erlebte zu spielen. Sie erzählten einfach auf der Bühne von ihren schlimmen

Erfahrungen. Was Mario erlitt bei seiner gescheiterten Flucht (→ Glossar »Republikflucht«, S. 145 f.), in der Haft und während der zufälligen Begegnung mit seinem vormaligen Stasivernehmer nach der Wiedervereinigung – das ist für mich wirklich unglaublich. Dass er sich dann entschloss, in der Gedenkstätte Berlin-Hohenschönhausen Führungen zu machen, finde ich wunderbar. Ich war bei seinem Rundgang durch das ehemalige Stasigefängnis dabei. Es war ein verregneter Tag. Es war grau – und was ich da drinnen sah, war grauenvoll. Er zeigte uns auch seine damalige Zelle. Was Mario dann beschrieb, löste in mir noch viel mehr aus, als meine Fantasie überhaupt zuließ. Der absolute Horror. Und das passierte alles in einem Staat, der sich Deutsche Demokratische Republik nannte. Er und andere frühere Gefangene halten die Erinnerung an das Geschehen wach.

Frühere Stasileute verdienen heute noch Geld mit ihrem Fachwissen. Das ist wirklich absurd. Als wir *Weissensee* drehten, erklärte uns ein Technikexperte, wie man zu DDR-Zeiten Abhörgeräte eingebaut hatte. Ich wurde gebeten, ruhig zu bleiben, als ich ihn dann beim Mittagessen sah. Ich dachte: »Der sitzt da wie ein ganz normaler Handwerker und kassiert Geld für Dinge, bei denen mir, wenn ich daran denke, wirklich schlecht wird.«

Ich finde es mutig, dass Gilbert Furian seinen Ex-Stasivernehmer sowie in der DDR tätige Juristen und Spitzel zum Interview traf. Einer von denen sagte tatsächlich: »Ich schäme mich abscheulich.« Das ist schon großartig, und ich denke, er meinte das auch so. Von vielen hört man hingegen Sätze wie: »Wir haben das gemacht für eine gerechtere Welt. Weil wir überzeugt waren. Weil unsere Familien uns geprägt haben. Weil wir sicher waren, dass von der DDR nur Frieden ausgeht.«

Ich würde wirklich gern den ehemaligen Freunden gegenübersitzen, deren Berichte ich in meiner Stasiakte (→ Glossar »Inoffizieller Mitarbeiter (IM) des Ministeriums für Staatssicherheit (MfS), S. 142) entdeckte. Sie sind natürlich nicht bereit dazu.

Nach der Akteneinsicht rief ich sie fast alle an. Sie redeten sich mit Erpressung heraus, heulten. Kein einziges Wort mehr möchte ich allerdings mit meiner einst besten Freundin reden. Sie hatte sich mir damals an den Hals geworfen. Ich legte ihr mein gesamtes Leben in den Schoß. Erzählte alles, was man seiner besten Freundin eben so erzählt. Sie schrieb alles auf. Seitenweise. Später sagte sie in einem Interview, sie wolle mit dieser Schuld nicht sterben. Aber ich möchte sie nicht mehr sehen. Ich kann ihr nicht vergeben, selbst wenn sie vor mir heulend auf die Knie fallen würde.

Mich wollten Stasimänner auch als Spitzel ködern. Sie klingelten bei mir, hatten Sportgarderobe von *adidas* dabei. Die wollten sie mir schenken – zum 1. Mai, weil an diesem Tag die Schauspieler und Sportler immer zusammen feierten und ich an diesen Veranstaltungen mit einer Gesangseinlage beteiligt war. Erst freute ich mich riesig über die schicken Klamotten. Aber dann wollten sie mich ausquetschen über das Ensemble am Landestheater Halle, zu dem ich gehörte. Ich beendete das Gespräch schnell. Sie nahmen die Sportsachen, gingen und ließen mich fortan in Ruhe.

In Konfrontation mit den Oberen geriet ich auch bei den letzten Wahlen (→ Glossar »Wahlen«, S. 147) 1989. Damals war man eigentlich schon auf der sicheren Seite. Ich ging wählen und mein damaliger Mann hatte seine Kamera dabei. Es war aber kein Film darin. Ich setzte mich in die Wahlkabine, das war schon verdächtig. Ich machte ein großes Kreuz über das ganze Blatt. Als ich den Zettel dann in die Urne steckte, tat mein Mann so, als würde er mich fotografieren. Einer der Aufpasser drohte: »Gehen Sie weg mit der Kamera!« Mein Mann erwiderte: »Wieso? Honecker wird doch auch ständig fotografiert beim Wählen.« Sie warfen ihn hinaus. Da kochte es in mir über. Ich zerriss den Wahlzettel, schmiss die Fetzen in den Papierkorb und rief: »Macht doch diesen Scheißladen zu und das ganze Land auch!«

Bald danach geschah dann das Wunder: Die Mauer fiel (→ Glossar »Mauerfall«, S. 144). Was für ein unfassbares Glück.

Wir bekamen endlich unsere Freiheit. Ich hatte mich immer so danach gesehnt. In der DDR war sie uns geraubt worden. Wir waren in einem großen Gefängnis zur Welt gekommen.

Katrin Sass, Schauspielerin

Einleitung

Mutige Menschen bewiesen Menschlichkeit in einem menschenverachtenden System. Trotz Unterdrückung entschieden sie sich für den aufrechten Gang. Friedlich opponierten sie gegen Lug und Trug, Willkür und Gewalt in der DDR. Sie scheuten kein Risiko im Kampf für Freiheit, Meinungsvielfalt und Gerechtigkeit. Heute beteiligen sie sich mit großem Einsatz an der Aufarbeitung der Diktatur – als Mitglieder von Vereinen für Betroffene und Zeitzeugen in Schulen und Gedenkstätten.

Die meisten der Porträtierten in diesem Buch sind in der Öffentlichkeit nicht bekannt, denn ich möchte bisher kaum erzählte Geschichten in den Fokus rücken. Ihre Lebenswirklichkeiten stehen beispielhaft für ähnliche Biografien couragierter Menschen in der Deutschen Demokratischen Republik. Die Sozialistische Einheitspartei Deutschlands (SED) (→ Glossar »Blockparteien«, S. 136) betrachtete die DDR als ihren Staat, lenkte, kontrollierte und beherrschte ihn. Schon Kinder und Jugendliche wollte die DDR-Staatspartei ideologisch indoktrinieren – erst bei den Pionieren, dann bei der Freien Deutschen Jugend (FDJ) (→ Glossar, S. 137 f.). Wer beispielsweise in der Schule keine Nachteile erleben wollte, musste diesen Massenorganisationen angehören. Den weiteren persönlichen Werdegang bestimmte auch, ob man zu den SED-Mitgliedern zählte oder nicht. Die Hegemonialpartei wollte das Volk auf Biegen und Brechen auf Kurs bringen, jegliche Individualität und Auflehnung unterbinden.

Dennoch wählten die im Buch versammelten Protagonisten die Alternative zu Anpassung und Willfährigkeit. Welche Ziele verfolgten sie mit ihren Aktionen? Welche Erfahrungen sammelten sie dabei? Welche Folgen zog ihr Handeln nach sich? Diesen Fragen gehe ich hier unter anderem nach.

Die Pfarrerin Almuth Berger gründete mit Mitstreitern das erste offene Begegnungszentrum für Aus- und Inländer in der DDR. Erfolgreich behauptete sie sich gegenüber den Verantwortlichen in ihrem Ostberliner Stadtbezirk, die dieses Engagement unterbinden wollten. In den Betrieben schaltete sie sich ein, wenn die ausländischen Vertragsarbeiter gedemütigt wurden.

Wie und weshalb der in der DDR tabuisierte Ausländerhass nach dem Mauerfall (→ Glossar, S. 144) um sich griff, erläutert die einstige DDR-Ausländerbeauftragte Almuth Berger im Interview: »Dass der Nationalsozialismus nicht richtig aufgearbeitet wurde, halte ich unter anderem auch für einen Grund für die Aggressivität gegenüber Ausländern.«

Die Leipziger Friedensgebete lockten im Herbst 1989 die Massen an. Bereits sieben Jahre zuvor hatten sie in der Nikolaikirche stattgefunden – wenn auch mit weit weniger Teilnehmern. Der damalige Diakon Hans-Joachim Döring gehörte zu den Initiatoren. Im Gespräch erklärt er, welcher Zufall bei der Entstehung mitspielte. Und er sinnt darüber nach, warum es möglicherweise »eine gewisse historische Bedeutung« hat, dass sie nicht wie ursprünglich geplant mittwochs, sondern montags veranstaltet wurden. Von den Montagsgebeten gingen schließlich die Montagsdemonstrationen aus. Auch außerhalb der Nikolaikirche solidarisierte er sich mit den Jugendlichen und ging auf Konfrontationskurs mit den Herrschenden.

In diesem Buch geht es auch um den studentischen Widerstand von Georg Wrazidlo, Melanie Webers Hilfe für schwer kranke DDR-Gefangene, Bärbel Bohley und die Bürgerrechtsbewegung. Zudem porträtiere ich den regimekritischen Liedermacher Wolf Biermann, dem die SED nach seinem Kölner Konzert 1976 die Staatsbürgerschaft aberkannte. Ich beschreibe Wolf Biermanns

Auftritte im Berliner Ensemble und am Brandenburger Tor – zum 25. Jahrestag des 9. November 1989.

Dreißig Jahre nach dem Mauerfall repräsentieren die Lebensgeschichten die Vielfalt des mutigen Protests in der DDR. Inwiefern prägten oder prägen die Jahre im SED-Staat die Protagonisten? Was mussten sie erleiden – als Kinder, Jugendliche und Erwachsene? In welchem Maße wurden sie an Leib und Seele beschädigt? Und auf welche Weise engagieren sie sich heute für die Aufarbeitung der DDR-Geschichte? Das wollte ich von meinen Interviewpartnern wissen. In den Porträts kommen sie als Experten für das persönlich Erlebte zu Wort.

Eine von ihnen ist Katrin Behr. Sie wurde als Vierjährige von ihrer systemkritischen Mutter getrennt, im Heim von einer Erzieherin schlecht behandelt und schließlich zwangsadoptiert. Als Gründerin und Vorsitzende des Berliner Vereins *Hilfe für die Opfer von DDR-Zwangsadoptionen* bringt Katrin Behr heute durch Zwangsadoption getrennte Menschen wieder zusammen. Ich besuchte sie in ihrem Vereinsbüro, das sich in Berlin-Lichtenberg, wenige Stockwerke über dem Stasimuseum befindet, und beschreibe sie und ihre Tätigkeit an diesem Ort.

Im Interview kritisiert die Fachberaterin für DDR-Zwangsadoptionen, dass sich die Bundesregierung bedeckt hält, wenn es um die Entschädigung ehemals Zwangsadoptierter und Heimkinder geht. »Hören Sie auf, das als Tabu zu behandeln, denn das ist geschehen«, beschwor Katrin Behr die Politik bei der Verleihung der Goldenen Henne 2014 in Leipzig. Mit dem Medienpreis in der Kategorie Stille Helden wurde sie für ihre Vereinsarbeit geehrt.

Die siebzehnjährige Corinna Thalheim musste im Geschlossenen Jugendwerkhof Torgau tagelang in einem Kellerloch einsitzen und wurde vom Direktor mehrmals sexuell missbraucht. Heute ist sie Vorsitzende des Vereins *Missbrauch in DDR-Heimen* und berät Betroffene in der Gedenkstätte Geschlossener

Jugendwerkhof Torgau. »Sexuelle Gewalt ist immer noch ein Tabuthema. Und gerade über den Missbrauch in DDR-Heimen ist noch viel zu wenig bekannt«, betont Corinna Thalheim 2014. Als sie Leuten begegnete, die alles richtig fanden, was in der DDR passiert war, nahm sie sie mit in die Gedenkstätte Geschlossener Jugendwerkhof Torgau, die an die härteste Jugenderziehungseinrichtung der DDR erinnert. Nach dem Rundgang entschuldigten sie sich bei ihr für die Bemerkungen.

Die Schicksale meiner Interviewpartner machen die Dimension der SED-Diktatur begreifbar. In die geheimsten Ecken der Gesellschaft nisteten sich die Schergen des Ministeriums fürs Staatssicherheit (MfS) ein.

Als »Schild und Schwert« der SED fungierte das MfS – von der Bevölkerung »Stasi« genannt. Sie war politische Geheimpolizei, geheimer Nachrichtendienst und Organ für strafrechtliche Untersuchungen. Stasileute beschatteten Bürger, verhafteten sie und erzwangen Geständnisse. Undurchsichtig waren die Machenschaften dieses übermächtigen Überwachungs- und Unterdrückungsapparats.

Zu den Gefangenen der zentralen MfS-Untersuchungshaftanstalt in Hohenschönhausen zählte auch Gilbert Furian. Er hatte aufrührerische Texte an Freunde und Verwandte im Land weitergegeben und versucht, sie in die Bundesrepublik einschleusen zu lassen. Bei seinen Führungen durch die Gedenkstätte Berlin-Hohenschönhausen zeigt Gilbert Furian heute den Interessenten die Stelle im Kellerknast, an der sich ein Häftling tötete, führt sie zu den Gummizellen, beschreibt die Gewalttätigkeit der Schließer. Was passiert, wenn sich Ewiggestrige zu den Besuchergruppen gesellen und die Tatsachen leugnen, verriet er mir beim Rundgang durch die Gedenkstätte. Seinen ehemaligen Stasivernehmer traf Gilbert Furian nach der Wiedervereinigung (→ Glossar, S. 148 f.) zufällig wieder. Dass »man Schuld hat, schwerwiegende, ist schon klar«, räumte der einst linientreue Mann im Gespräch mit ihm ein.

Auch in der DDR tätige Richter und Staatsanwälte fragte Gilbert Furian, wie sie ihr damaliges Handeln beurteilen – in dem Staat, in dem eine Unabhängigkeit der Justiz (→ Glossar, S. 142 f.) nicht existierte. Die legislative, judikative und exekutive Macht lag bei der SED. Die Partei griff in laufende Verfahren ein, bestimmte oder berichtigte Urteile, erhöhte dabei meist das Strafmaß.

Im Stasiknast in Hohenschönhausen war auch Mario Röllig eingesperrt – nachdem seine Flucht (→ Glossar »Republikflucht«, S. 145 f.) gescheitert war. Er hatte sich in der Freiheit eine Zukunft aufbauen wollen, mit seinem Westberliner Freund, seiner ersten großen Liebe. Heute geht Mario Röllig mit Besuchern zum damaligen Ort des Entsetzens. Im Interview sprach er mit mir über seine düsteren Vorhersagen vom 9. November 1989, die sich bewahrheiteten, und von der zufälligen Begegnung mit seinem einstigen Stasivernehmer nach der Wiedervereinigung.

Auch im Ausland berichtet Mario Röllig über das ihm widerfahrene Unrecht in der DDR: Bei einem Vortrag in Moskau musste er sich mit ehemaligen Stasiverantwortlichen auseinandersetzen. In den USA wurde er hingegen nach seinen Schilderungen wie ein Hollywoodstar gefeiert.

Stoff für eine Hollywoodverfilmung sowie den Thriller *Ballon* von Michael Bully Herbig bot die einzige geglückte Ballonflucht aus der DDR: In einer Septembernacht 1979 flogen zwei Familien im selbst gebauten Heißluftballon von Thüringen nach Bayern.

Die DDR-Geschichte sei wichtig für Menschen in den alten und neuen Bundesländern, unterstreicht der Ballonbauer Günter Wetzel im Interview. Schülern vermittelt der Zeitzeuge: »Wir leben hier frei und können unsere Meinung sagen, das ist keine Selbstverständlichkeit.«

Günter Wetzel wollte damals weg, weil er mit dem System nichts zu tun haben wollte. Weil man nie wissen konnte, ob Spitzel einen belauschen. Im Interview rekapituliert er, wie dicht ihnen die Stasi auf den Fersen war. Dass die acht Flüchtlinge den Verfolgern entkamen, war eine peinliche Panne für das Ministerium für Staatssicherheit.

Zuletzt 91.015 hauptamtliche Mitarbeiter und etwa 189.000 Inoffizielle Mitarbeiter (IM) (→ Glossar, S. 142) beschäftigte das MfS. Die IM observierten Kollegen, Freunde und Familienangehörige. Aus politischer Überzeugung. Weil sie sich etwa Vergünstigungen erhofften. Oder Aufstiegschancen. Oder weil die Stasi sie erpresste. Besonders auf den Kampf gegen Andersdenkende fokussierte sich das MfS. Dabei setzte es auf seine zerstörerischen »Zersetzungsmaßnahmen«, schüchterte DDR-Bürger ein, drängte sie ins Abseits oder verbreitete Gerüchte über sie – hinterhältig, niederträchtig und bar jedes Anstands.

Automatisch nahm die Stasi in den Schulen Kinder von Ausreiseantragstellern ins Visier. Nachdem Monika Lembke und ihr Mann für sich und ihre beiden Jungen die Ausreise beantragt hatten, wurde ihr sechzehnjähriger Sohn vom Lehrer als »Landesverräter« und »Klassenspalter« »schikaniert bis aufs Messer«. Der Schüler setzte deshalb seinem Leben ein Ende.

Danach sagte ein Behördenmitarbeiter Monika Lembke voraus, sie werde nie aus der DDR rauskommen. Da drängte es sie an die Öffentlichkeit. Monika Lembke, ihr Mann und Gleichgesinnte riefen 1983 den *Weißen Kreis* in Jena ins Leben. Regelmäßig fanden ihre Demonstrationen für ihre Ausreise auf einem zentral gelegenen Platz statt. Noch im gleichen Jahr wurde ihre Übersiedlung in die Bundesrepublik gewährt. Heute ist Monika Lembke als Zeitzeugin aktiv: »Man darf nicht vergessen, was geschehen ist, dafür war es zu schlimm.«

Im Interview erzählt sie von ihrer damaligen Sehnsucht nach dem Westen – und der Dämonisierung des Westens in der DDR. Mit Westen gemeint war die Bundesrepublik. Als Gegner brandmarkte die Obrigkeit das Land auf der anderen Seite der Mauer

(→ Glossar, S. 143 f.). In der Schule versuchten die Lehrer, alles Westliche aus den Klassenzimmern zu verbannen. Monika schickten sie heim, als sie mit einer Westjeans im Unterricht erschien.

Evelyn Zupkes Plastiktüte mit Westwerbung erregte das Missfallen des Schuldirektors. Er wetterte gegen die Unverfrorenheit der Fünfzehnjährigen, damit in der Klasse aufzutauchen. Wenn Evelyn Zupke heute in Schulen darüber redet, reagieren ihre jungen Zuhörer verdutzt.

Von den Schülern hört die Zeitzeugin auch oft folgende Frage: »War die DDR ein Unrechtsstaat?« Evelyn Zupke bejaht das stets mit Nachdruck und schiebt als Begründung hinterher: »Es gab beispielsweise keine Meinungs-, Presse- und Wahlfreiheit.«

Dass die SED regelmäßig ihre Wahlergebnisse (→ Glossar »Wahlen«, S. 147) aufhübschte, wusste eigentlich jeder im Staat. Evelyn Zupke und ihre Freunde im *Weißenseer Friedenskreis* in Ostberlin kamen als Erste auf den Gedanken, den Bluff bei der Kommunalwahl 1989 bloßzulegen – durch eine flächendeckende Auszählung; das hatte vorher noch keiner gewagt.

Weil Kai Feller sich getraut hatte, an der Ostberliner Carl-von-Ossietzky-Schule Unterschriften gegen die Militärparade am DDR-Staatsfeiertag (→ Glossar »Gründung der Deutschen Demokratischen Republik (DDR)«, S. 140 f.) zu sammeln, musste er die Schule verlassen. Das bedeutete lebenslängliches, landesweites Abiturverbot. In die sogenannte Ossietzky-Affäre 1988 waren auch andere Schüler einbezogen.

Dreißig Jahre später schildert Kai Feller Schülern an der Carl-von-Ossietzky-Schule, was einst geschah. Im Interview sagt er: »Heute wird die Diktatur oft verharmlost. Unsere Demokratie ist gewiss nicht vollkommen; aber es gibt Grundrechte, eine Gewaltenteilung und freie Medien. Und das ist der Unterschied zum totalitären System der DDR.«

»Mein Schicksal macht mich stark«

Katrin Behr
(*1967)
hilft Menschen, die in der DDR
zwangsadoptiert wurden – wie sie selbst

Katrin und ihr älterer Bruder erlebten, wie unbekannte Männer die Mutter 1972 verhafteten. Die Schergen steckten die staatskritische Alleinerziehende ins Gefängnis und die Kinder ins Heim. Eine Betreuerin drangsalierte die Vierjährige. 1975 wurde Katrin von einem linientreuen Ehepaar zwangsadoptiert. Das Mädchen passte sich an, marschierte mit den Pionieren – und fand dennoch keinen Weg zum Herzen der Adoptivmutter. Schließlich flüchtete Katrin in eine unglückliche Ehe mit einem Politoffizier, trat ihm zuliebe in die Sozialistische Einheitspartei Deutschlands ein.

Nach der Wiedervereinigung (→ Glossar, S. 148f.) traf die gebürtige Thüringerin ihre leibliche Mutter wieder, erfuhr von dem Grauen in den Knastzellen. Die Zwangsadoptierte belasteten auch die eigenen Erinnerungen. Die Folgen: ein lebensgefährlicher Zusammenbruch und psychologische Behandlungen. Jahre später schrieb sich Katrin Behr in ihrem Buch »Entrissen« alles von der Seele.

Heute unterstützt sie vom gleichen Schicksal betroffene Menschen in ihrem Berliner Verein Hilfe für die Opfer von DDR-Zwangsadoptionen *(OvZ-DDR e. V.). Zudem veröffentlicht Katrin Behr auf ihren privaten Internetseiten Suchanzeigen von Familien, die vermisste Angehörige aufspüren wollen. 2014 erhielt sie den »Geschichte erinnern«-Preis der Bundeszentrale für politische Bildung sowie den Medienpreis Goldene Henne.*

Schwer hängt der zementene Himmel über Berlin, bietet keinen Kontrast zu den schmutzgrauen Fassaden. Sie reihen sich dicht an dicht – auf dem Areal des ehemaligen Ministeriums für Staatssicherheit im Bezirk Lichtenberg. Katrin Behr arbeitet als Fachberaterin für DDR-Zwangsadoptionen in der Ruschestraße 103, Haus 1, sechster Stock.

Wenn sie einige Stufen hinabsteigt, steht sie im ehemaligen Reich von Erich Mielke. Das Stasimuseum beherbergt heute die Original-Möbel des letzten Ministers für Staatssicherheit. Repräsentativ muten sie keineswegs an. Eher spießig. In dem schmucklosen Raum schredderte Mielke mehrere Jahrzehnte lang Lebensläufe von unbeugsamen Bürgern. Heute beugen sich Besucher über die beiden schwarzen Telefone auf dem Schreibtisch, laufen über den sozialistenroten Teppich. Längst verflogen ist der Geruch von Gehorsam und Gewalt. Verblasst sind die Spuren der geballten Fäuste auf dem Besprechungstisch. Längst abgezupft wurden die Fussel der Uniformen auf den mit FDJ-blauem (→ Glossar »Freie Deutsche Jugend«, S. 137 f.) Stoff bezogenen Stühlen. »Jetzt sitzen wir in diesem Haus. Das finde ich total cool«, verkündet Katrin Behr mit triumphalem Lächeln, »wenn Mielke das wüsste, würde er sich im Grab umdrehen.«

Zwangsadoption – ein Zeugnis von Rohheit und Kaltblütigkeit in der Diktatur: Oft erzwangen die Behörden die Zustimmung der leiblichen Eltern zur Adoptionsfreigabe. Manchmal verzichteten sie auch ganz darauf (→ Glossar »Justiz«, S. 142 f.). Die Staatsdiener entzogen Kinder zum Beispiel vermeintlich »Asozialen«. Der sogenannte Asozialen-Paragraf 249 des DDR-Strafgesetzbuchs richtete sich gegen denjenigen, der »das gesellschaftliche Zusammenleben der Bürger oder die öffentliche Ordnung dadurch gefährdet, dass er sich aus Arbeitsscheu einer geregelten Arbeit hartnäckig entzieht, obwohl er arbeitsfähig ist«. Und sie rissen beispielsweise Familien auseinander, die beim »ungesetzlichen Grenzübertritt« (→ Glossar »Republikflucht«, S. 145 f.)

geschnappt worden waren. Die Flüchtlinge kamen in Haft, ihre Kinder wurden ihnen weggenommen. Verantwortlich für die Zwangsadoptionen waren die Jugendhilfen. Sie handelten nach den Gesetzen im Unrechtsstaat.

2008 gründete Katrin Behr in Gera ihren Verein *Hilfe für die Opfer von DDR-Zwangsadoptionen*, mittlerweile hat er seinen Sitz in Berlin. Er ist der einzige Verein dieser Art in Deutschland. Nach zwei Jahren ehrenamtlicher Tätigkeit mit Nacht- und Wochenenddiensten bekam die Expertin einen Angestelltenvertrag von der *Union der Opferverbände Kommunistischer Gewaltherrschaft* (UOKG).

Katrin Behr spricht mit den Hilfesuchenden über ihre Probleme, recherchiert nach Angehörigen und nimmt Kontakt zu den Ämtern auf. Aus eigener Erfahrung weiß sie: »Das Gefühl der inneren Zerrissenheit ist immer da.« Groß ist die emotionale Belastung bei der Arbeit für die Frau, die an einer angeborenen Herzschwäche leidet: »Wenn die Betroffenen mit mir über ihre Geschichte reden, tackern sie natürlich meine Narben an.« Sie denkt dann zurück an den 7. Februar 1972 in ihrer Heimatstadt Gera.

Ein Pochen zerhackt die Montagmorgenstille. Dumpf klingt es. Bedrohlich. »Machen Sie sofort auf!«, brüllt ein Mann, »sonst treten wir die Tür ein!« Auf der Stelle knipst die Mutter das Licht an, reißt Katrin und Mirko aus dem Schlaf. Schnell ziehen sich die Geschwister an. Die Mutter öffnet die Tür. Gestalten in Wintermänteln umzingeln sie. Eine Frau hält ihr ein Amtsschreiben unter die Nase. Die Typen zerren an ihr, an den Kindern. Hetzen sie das Treppenhaus hinunter, schleifen sie nach draußen, durch die Gassen bis zum Marktplatz.

»So, jetzt verabschiedet euch mal von eurer Mutter«, fordert einer der Kerle. Katrin klammert sich an die Mutter, einer reißt das Kind weg. Passanten gaffen, ein Mann mischt sich ein: »Das könnt ihr doch nicht machen!« Die Drohung folgt sofort: »Wenn Sie noch ein Wort sagen, nehmen wir Sie auch gleich mit.« Einer aus der Riege hält Katrin fest. Mirko tritt ihn. Die Kleine macht sich los, eilt der Mutter hinterher. Die Horde schiebt die Frau ins Fahrzeug, legt ihr Handschellen an. »Mama, fahr nicht fort!« Tränen jagen über das Gesicht des Mädchens. Die Festgenommene streicht ihrer Tochter übers Haar – mit aneinandergeketteten Händen: »Du musst jetzt tapfer sein. Wir sehen uns heute Abend wieder, versprochen!« An diesen Satz klammert sich Katrin Behr. Jeden Tag. Bis 1991. Erst dann trifft sie ihre Mama wieder.

Noch heute schaut sich Katrin Behr keine Kidnapping-Filme an. Und wenn sie Menschen in langen Wintermänteln sieht, kommen die Erinnerungen hoch an die ihr Leben zerstörenden Jahre: Sie landete im Heim. Eine Erzieherin schikanierte die Vierjährige, diffamierte die leibliche Mutter als »Staatsverräterin« – vor der gesamten Vorschülergruppe. Katrin verstand das Wort nicht. Ihr schwante aber, dass es etwas Unheilvolles bedeutete. Sie weinte, zog sich zurück. Das Personal verabreichte ihr Beruhigungsmittel, davon ist sie heute überzeugt: »Nach fast zwei Jahren dort müsste ich doch noch mehr davon wissen.« Katrin war völlig auf sich gestellt: Der Bruder lebte in einem anderen Heim, den Vater kannte sie nicht und den Kontakt zur Oma unterbanden die Behörden.

Schließlich wurde Katrin zwangsadoptiert. Ein Maurer und eine Lehrerin mit Parteibuch erzogen sie im Sinne des Staates: Die Brave muckte nicht auf, gliederte sich in die Pionierreihen ein, trug das Blauhemd der Freien Deutschen Jugend (FDJ), stellte das Regime nicht infrage. Verständnis und Zuwendung brachte der Adoptivvater ihr entgegen. Strenge und Härte erfuhr sie von der Adoptivmutter. Als diese einen Stammhalter zur Welt brachte, wurde das »Vorzeigekind der Musterfamilie« in die zweite Reihe geschoben. Damit nicht genug: Die Adoptivmutter tischte Lügengeschichten auf: »Deine Mutter ist eben lieber feiern und tanzen gegangen, als sich um euch zu kümmern. Und sie hatte öfter mal Männerbesuch.«

Einsamkeit quälte Katrin. Denn auch die Klassenkameraden mieden sie – beeinflusst von den Eltern. Der Grund: Katrins Adoptivmutter hatte als Schwester eines hohen Stasioffiziers einen direkten Draht zur Überwachungsbehörde. Daher befürchteten die Erwachsenen, dass Katrin eine unbedachte Bemerkung ihrer Sprösslinge an ihre Adoptivmutter weitergeben und diese sich damit an die Staatssicherheit wenden würde. Die Adoptivmutter wusste auch, was mit der leiblichen Mutter geschah – aber das rutschte ihr erst sehr viel später bei einem Telefonat mit der Adoptivtochter heraus.

Nach der Wiedervereinigung recherchierte Katrin die Adresse ihrer leiblichen Mutter. 1991 sahen sie sich wieder. »Das war das wichtigste Ereignis in meinen Leben«, resümiert Katrin Behr.

Mutter und Tochter umarmen sich. Liebevoll. Innig. Und Katrin atmet den Duft der so lange Vermissten ein. So vertraut ist er ihr, nach all den Jahren. So geborgen fühlt sie sich. In der »einfachen Bleibe« der Mutter ist sie willkommen, das empfindet sie sogleich. Tränen fließen, der Puls rast. Katrin mustert ihr Gegenüber: »Ihre braunen Haare sind halblang und glatt wie bei mir, sie ist von kleiner Statur wie ich und hat um den Mund einen warmherzigen Zug.« Dann stellt sie die drängende Frage an die Mutter: »Was ist damals passiert?« Die Angesprochene erzählt von ihrem Freiheitsentzug – ruhig, fast sanft, mit leicht bebender Stimme: Die Wärter steckten Gefängnisinsassen in einen Bretterverschlag, gossen stundenlang Wasser über ihre Köpfe. Sie trennten sie mit einem Gitter von der Toilette, sodass sie ihr Geschäft auf dem Zellenboden verrichten mussten. Und sie zogen das Bett an der Wand hoch, hinderten so die Ausgelieferten am Schlaf. Auch vor sexuellen Übergriffen schreckten Aufseher und Mithäftlinge nicht zurück. Ihr eigenes Leid? Darüber schweigt sie.

Dann spricht die jahrelang Inhaftierte von »Zwangsadoption«. Das Wort kennt Katrin nicht. »Ich hätte dich nie von mir aus freigegeben und hab's auch nie getan«, beteuert die Mutter in aufgebrachtem Ton, »die Schweine haben dich mir weggenommen!« Das Reden über die Zerstörung ihrer Vita – eine Tortur für sie, das spürt die Tochter. Sie befürchtet, dass die verzweifelte Frau in ihrer Not vielleicht von Wahnvorstellungen heimgesucht wurde. Denn das wiedergegebene Widerwärtige kann Katrin nicht glauben. Es passt einfach nicht in ihr DDR-Bild, das von den Adoptiveltern vermittelte; sanftgezeichnete, schöngefärbte. Selbst nach dem Ende der DDR denkt sie noch: »So schlimm können Menschen doch nicht sein.« Sie lacht bitter auf, als sie ihre »vollkommene Naivität« von einst eingesteht.

Wie Puzzleteile sammelt Katrin alle Informationen über die Mutter – bis sich ein vollständiges Bild ergibt: Die unangepasste Frau schimpfte in der Öffentlichkeit auf den Staat und drohte mit ihrer Flucht. Als Unverheiratete mit unehelichen Kindern entsprach sie ohnehin »weder der sozialistischen Norm noch dem durchaus verkrampften Moralempfinden der DDR-Gesellschaft«, wie Katrin Behr in ihrem Buch schrieb. Als die Jugendhilfe veranlasste, dass die Kleine nicht in der Krippe aufgenommen wurde, konnte die Mutter ihrer Arbeit nicht nachgehen. Den Schichtdienst wollte die Ungelernte nicht übernehmen – aus Rücksicht auf die Kinder. Damit entzog sie sich der vorgeschriebenen Arbeitspflicht. Die Folge: eine Verurteilung nach Paragraf 249 des DDR-Strafgesetzbuchs, dem sogenannten Asozialen-Paragrafen. Nach ihrer Entlassung durfte sie keinen Kontakt zu Katrin aufnehmen. Sie versuchte es dennoch, fand ihre Tochter aber nicht. An allem sind »die« schuld, wie die Mutter sagt. »Einer von denen« ist auch der zum Wiedersehen mitgebrachte Ehemann von Katrin, ein ehemals Parteitreuer. »Einer von denen«, die dafür sorgen, dass sich auch nach Jahren der Pein nicht zu zähmender Zorn in ihrem Inneren zusammenbraut – wie dichte Wolken vor einem Gewitter.

Die dunklen Machenschaften des Regimes beleuchtet Katrin Behr heute auf ihren privaten Internetseiten www.zwangsadoptierte-kinder.de und www.personen-suche-ddr.de. Und sie veröffentlicht kostenlos Suchanzeigen von Menschen, die ihre leiblichen Familienangehörigen ausfindig machen wollen.

Im Dezember 1975 berichtete der *Spiegel* erstmals über Zwangsadoption in der DDR. Das Thema sorgte für Misstöne im deutsch-deutschen Dialog: Der bayerische Ministerpräsident Alfons Goppel sagte ein geplantes Treffen mit dem Ständigen Vertreter der DDR in Bonn, Michael Kohl, ab. Denn dieser wollte den Artikel nicht dementieren und bezeichnete ihn laut *Spiegel* als »schmutzige Verleumdung«. In der WDR-Sendung (→ Glossar »Westfernsehen und Westradio«, S. 148) *Bericht aus Bonn* meldete sich Bundeskanzler Helmut Schmidt im Dezember 1975 zu Wort. »Wir müssen protestieren. Wir müssen, wenn es sich um Menschen handelt, wo die Eltern bei uns leben und die Kinder drüben, alles versuchen, um die Familien wieder zusammenzubringen«. Allerdings sei es »ganz absurd« anzunehmen, »man könnte den Berlin-Verkehr darunter leiden lassen«. Zum Jahreswechsel erhielt die Bundesregierung eine Absichtserklärung von Erich Honecker. Der Erste Sekretär des SED-Zentralkomitees (ZK) (→ Glossar, S. 150) behauptete, dass niemand die DDR-Regierung über das Thema informiert habe, und versprach zu handeln. Jedoch nur eine Zwangsadoption machte er umgehend rückgängig.

Egon Franke, Bundesminister für innerdeutsche Beziehungen, verbannte im Januar 1976 das Thema aus der Parlamentsdebatte: »Es gibt keinen Fall von Adoption oder der Übertragung des Sorgerechts auf andere und von Zwangsadoption als zusätzliche Strafe für Republikflucht oder für den Versuch der Republikflucht.« Dabei hatten betroffene Eltern das innerdeutsche Ministerium seit 1969 über Zwangsadoptionen in Kenntnis gesetzt. 1991 fand ein Berliner Bezirksstadtrat entsprechende Akten im Archivkeller des Bezirksamts Berlin-Mitte – ein weiterer Beweis für DDR-Zwangsadoptionen.

Katrin Behr kennt die gesamte Skala von Gefühlen ehemals Zwangsadoptierter: »Manche weinen, andere sind voller Wut. Manche gehen alles offensiv an, aber einige Zeit später sind sie wieder zaghaft und verdrängen ihre Vergangenheit.« Viele der Betroffenen danken Katrin Behr, würdigen ihr Engagement, loben ihre Zivilcourage. »Ich betrachte mich selbst gar nicht als mutigen Menschen«, sagt sie. Sie fühle sich eher peinlich berührt durch so viel Aufmerksamkeit. Als die bescheidene Frau das einräumt, schlägt sie die Augen nieder, streicht sich verlegen eine dunkelbraune lange Strähne aus dem Gesicht. Dann zuckt sie mit den Achseln und meint: »Ich mache es einfach vom Herzen her.«

Von unvorstellbaren Unwahrheiten und Intrigen erfährt Katrin Behr bei ihrer Arbeit: Einer Mutter machten die Krankenhausmitarbeiter weis, ihr Kind sei gestorben. Als sie nach der Wiedervereinigung die Sterbeurkunde beim Standesamt holen wollte, hieß es: »Ihre Tochter lebt. Sie wurde adoptiert!« Eine andere Frau prangerte die Erpressung des Jugendamts an: »Entweder Sie unterschreiben die Adoptionsfreigabe oder wir nehmen Ihnen beide Kinder weg.« Eine weitere Betroffene beklagt, dass sie auch heute keine Auskunft beim Jugendamt erhält: »Die Frau von damals sitzt immer noch auf dem gleichen Posten.« Katrin Behr liest am Computerbildschirm die Zeilen. Ihre Augen verengen sich zu Schlitzen, sie presst die Lippen aufeinander. Dann schüttelt sie den Kopf, als könne sie immer noch nicht glauben, was sie schon zigmal gelesen hat: »Vieles klingt, als sei es aus einem schlechten Film.« Sie scrollt mit der Maus von oben nach unten, ihre Pupillen scannen jedes Wort. »Die Akteneinsicht wird für Adoptierte oft sehr erschwert«, kritisiert sie 2014: »Bei einigen Stellen darf man die Unterlagen selbst einsehen und erhält Kopien, bei anderen bekommt man die Akten nur vorgelesen.« Im Adoptionsvermittlungsgesetz aber stehe, dass unter Anleitung durch eine Fachkraft Einsicht zu gewähren sei. Von Vorlesen sei nicht die Rede.

Ellenlang sind die Suchlisten auf den beiden privaten Internetseiten von Katrin Behr. Und mehr als 650 Einträge stehen bereits in der Rubrik »Gefunden«. Die Antwort auf ihre ganz persönlichen Fragen suchte die Zwangsadoptierte jahrelang: Wie brachte es die Mutter 1972 fertig, sich von ihr loszusagen? Warum gab sie dem Druck nach? Warum kämpfte sie nicht um ihre Tochter, ließ sie im Stich, überließ sie ihrem Schicksal?

Die Mutter versicherte zwar schon beim ersten Wiedersehen: »Die haben mir das Sorgerecht entzogen und ich war nicht einmal dabei.« Aber diese Behauptung klang zu unfassbar, als dass Katrin sie damals glauben konnte. Den Beweis fand sie erst 2007 bei einer Akteneinsicht: Das Familiengericht hatte die Zwangsadoption beschlossen und dabei die Mutter übergangen. Und Katrin Behr sah einen Vermerk von 1990 auf der Rückseite des Hefters: »Unterlagen vernichten«. Fortan machte sie die Zwangsadoption zu ihrem Lebensthema.

»Hören Sie auf, das als Tabu zu behandeln, denn das ist geschehen«, appellierte sie an die Politik bei der Verleihung der Goldenen Henne 2014 in Leipzig. Katrin Behr erhielt für ihre Arbeit in dem Verein *Hilfe für die Opfer von DDR-Zwangsadoptionen* den Medienpreis in der Kategorie Stille Helden. Stehende Ovationen erntete die Vereinsvorsitzende für ihr Wirken.

Sehr beschämend findet Katrin Behr die heutige Zurückhaltung der deutschen Regierung, wenn es um die Entschädigung ehemals Zwangsadoptierter und Heimkinder geht. 2014 macht sie deutlich, dass diese bis heute kein Recht darauf haben und nicht als Opfer der Diktatur anerkannt sind: »Deutschland guckt weg und deshalb halten wir Mahnwachen ab, bis uns jemand erhört.«

Viel Leid musste Katrin Behr ertragen. Doch verbittert ist die Frau nicht. Ihre Stimme klingt versöhnlich, als sie zu dem Schluss kommt: »Mein Schicksal macht mich stark. Und ich will anderen dabei helfen, ihres anzunehmen und aufzuarbeiten.« Sie sitzt in ihrem Büro im einstigen Stasiquartier. Von ihrem Schreibtisch aus blickt sie zum roten Bilderrahmen auf dem Fensterbrett. Zwei Frauen sind auf dem Foto zu sehen. Sie tragen festliche weiße Blusen, schmiegen sich eng aneinander. »Das bin ich mit meiner richtigen Mama«, sagt Katrin Behr leise und streicht mit ihren Fingern sanft über die Aufnahme. Hinter ihrer schwarz umrandeten Brille glänzen ihre grünen Augen. Glück spiegelt sich darin. Auch Rührung. Und Traurigkeit, ein Jahr nach dem Tod der leiblichen Mutter. Der Rahmen verdeckt aus ihrer Perspektive zum Teil die ehemalige Festung des Verbrechens – der bildliche Beweis für ihren Triumph über die Despoten. Sie beantragte die strafrechtliche Rehabilitierung der Mutter. Am 7. Februar 2012 lag das Schreiben vom Landgericht Gera im Briefkasten – auf den Tag genau vierzig Jahre nach der zwangsweisen Trennung.

Hilfe für die Opfer von DDR-Zwangsadoptionen

2008 gründete Katrin Behr mit Mitstreitern den Verein *Hilfe für die Opfer von DDR-Zwangsadoptionen* (OvZ-DDR e. V.) in Gera, mittlerweile hat er seinen Sitz in Berlin. Nach ihrer anfangs ehrenamtlichen Tätigkeit bietet Katrin Behr seit 2010 als Angestellte in der Geschäftsstelle der *Union der Opferverbände Kommunistischer Gewaltherrschaft* (UOKG) eine Beratung für Betroffene von Zwangsadoptionen an. Ihr zur UOKG gehörender Verein finanziert sich über seine Mitgliedsbeiträge. Unterstützt wird die UOKG unter anderem von dem Landesbeauftragten für die Stasi-Unterlagen von Berlin.

In ihrem Verein kämpft Katrin Behr unter anderem dafür, dass die Zwangsadoptierten über eine Adoptionsaufhebung frei entscheiden können und den Ursprungsnamen kostenfrei zurückerhalten. Auch Katrin Behr bekam ihren Familiennamen zurück, den sie vor der Adoption trug. Und sie ließ ihren zweiten Vornamen löschen, der zugleich der Vorname ihrer Adoptivmutter war. »Damit habe ich meine Identität wieder«, bekräftigt sie.

Verein Hilfe für die Opfer von DDR-Zwangsadoptionen, *Ruschestraße 103, Haus 1, 10365 Berlin, www.ovz-ddr.de. Auf Katrin Behrs privaten Internetseiten www.zwangsadoptierte-kinder.de und www.personen-suche-ddr.de stehen die Suchanzeigen. Die Plattformen richten sich an Zwangsadoptierte, Adoptierte, Heimkinder und deren Verwandte.*

Katrin Behr und ihre Angehörigen

Katrin Behrs leibliche Mutter starb 2013 nach langer, schwerer Krankheit. Ihrem zwei Jahre älteren Bruder Mirko fühlt sie sich eng verbunden. Ihre Adoptivmutter starb am 27. November 2014 – auf den Tag genau 39 Jahre nach der Zwangsadoption. Auch ihr Adoptivvater ist bereits verstorben. Zu ihrem Adoptivbruder hat sie wieder Kontakt – seit dem Tod der Adoptivmutter. Von dem ehemaligen Politoffizier ist die zweifache Mutter geschieden.

»Wenn jemand seine Schuld eingesteht, kann ich vergeben«

Gilbert Furian

(*1945)

interviewte seinen ehemaligen Stasivernehmer, DDR-Juristen und Spitzel

Das revoltierende Gedankengut der DDR-Punks imponierte dem Versicherungsangestellten Gilbert Furian. In den Achtzigerjahren befragte er eine Ostberliner Clique, ließ die Interviewtexte drucken und verteilte sie im Land. Da seine Mutter als Rentnerin in den Westen reisen durfte, gab er ihr einige Exemplare mit. Grenzbeamte beschlagnahmten das staatskritische Material. Wegen »Anfertigen von Aufzeichnungen, die geeignet sind, den Interessen der DDR zu schaden«, wurde Gilbert Furian 1985 mehr als ein Jahr eingesperrt: in Hohenschönhausen, Rummelsburg, Cottbus und Karl-Marx-Stadt.

Im Herbst 1989 gründete der gebürtige Görlitzer die Projektgruppe Politische Justiz in der DDR *innerhalb der* Initiative Frieden und Menschenrechte *(→ Glossar »Charta 77 in der ČSSR«, S. 136f.). Zudem vertrat er die Bürgerbewegung* Neues Forum *am Runden Tisch in Berlin-Pankow.*

Nach der Wiedervereinigung (→ Glossar, S. 148f.) traf Furian seinen Vernehmer von einst zufällig wieder. Ihn und andere im Unrechtsstaat (→ Glossar »Justiz«, S. 142f.) tätige Richter, Staatsanwälte und Spitzel gewann der Brandenburger für Interviews. Die Aufzeichnungen von Diktatur-Gegnern und »Menschen auf der anderen Seite« veröffentlichte er in seinem Buch Mehl aus Mielkes Mühlen. *Zudem führt er Besucher durch sein ehemaliges Gefängnis in Berlin-Hohenschönhausen, heute eine Gedenkstätte.*

»Ruhet von des Tages Müh«, bedächtig spricht Gilbert Furian jedes Wort aus, zieht die Vokale genießerisch in die Länge bei seiner Gedenkstättenführung. 1985 nistete sich diese Zeile des Kanons in seinem Ohr ein. Sie gab dem Protestanten Kraft. Er sang sie gemeinsam mit einem katholischen Krankenpfleger, seinem Zellengenossen. Sekunden später schallte es dann immer vom Gang zu ihnen hinüber: »Ruuuheee! Singen ist verboten!« Furian zitiert den Wachmann donnernd, zieht dabei die buschigen Augenbrauen bedrohlich zusammen.

Diese Maßregelung war noch harmlos – im Vergleich zu seiner sonstigen Tortur: Vor mehreren Leuten musste er sich bei einer Untersuchung nackt ausziehen. Musste es sich gefallen lassen, dass Gefängnisangestellte alle Körperstellen beleuchteten. Aus anderen Zellen hörte er die Schreie Verzweifelter. Und wie Nachbarn Stühle gegen die Wände schlugen. Dennoch schaffte es Gilbert, sich »emotional nicht allzu sehr reinziehen zu lassen«. Schlicht stellt er heute fest: »So bin ich einigermaßen ohne seelischen Knacks wieder aus dem Knast herausgekommen.«

Heute führt Gilbert Furian Besucher durch die Gedenkstätte Berlin-Hohenschönhausen. Wegen ihrer geografischen Lage in der Bundeshauptstadt gilt die einstige Untersuchungshaftanstalt des Ministeriums für Staatssicherheit als wichtigster Erinnerungsort für die Opfer kommunistischer Gewaltherrschaft in Deutschland.

Sieben Monate saß der damals Vierzigjährige ein, in dem Backsteinbau mit Wachtürmen und Stacheldraht. Seine Endstation nach zwanzig Jahren auf der MfS-Beobachtungsliste.

Daheim am Küchentisch hatte er seine Eltern über »die Verbrecher da oben« schimpfen hören. Von Kindheit an mit gesundem Gottvertrauen ausgestattet, engagierte sich Gilbert in der Kirche und entwickelte früh eine regimekritische Haltung. Die Freie Deutsche Jugend (→ Glossar, S. 137 f.) schloss ihn deswegen aus. Lautstark protestierte der Philosophiestudent gegen die

Intervention der Warschauer-Pakt-Staaten (→ Glossar »Prager Frühling«, S. 145) in der Tschechoslowakischen Sozialistischen Republik (ČSSR) (→ Glossar, S. 147) 1968. Die Folge: Er musste die Leipziger Universität verlassen.

Bekannte brachten ihn in den Achtzigerjahren auf die Idee, für ein Projekt Ostberliner Punks zu interviewen. Der Versicherungsangestellte tauchte ein in eine unbekannte Welt, war fasziniert von den Aussteigern. Weil sie lauthals gegen die Obrigkeitshörigkeit im Mauerstaat (→ Glossar »Mauer«, S. 143 f.) opponierten. Neunzig Exemplare seiner Aufzeichnungen gab er Freunden und Verwandten in der DDR, mit zehn im Gepäck ertappten die Kontrolleure seine Mutter an der Grenze. »Der Staat hatte Angst vor seinen eigenen Bürgern, sonst hätte er wegen eines Punkheftchens nicht so einen lächerlichen Aufwand betrieben«, konstatiert Gilbert Furian 2014.

Gilbert wurde zu einer Haftstrafe von 26 Monaten verurteilt, die Hälfte musste er abbüßen. Sein Anwalt war Lothar de Maizière. »Ich hätte auch einen Besenstiel als Verteidiger nehmen können«, so Furians Fazit. Nach dem Mauerfall (→ Glossar, S. 144) traf der Exgefangene den ehemaligen DDR-Ministerpräsidenten wieder. Lothar de Maizière räumte ein: »Ich war in Ihrem Prozess nur das rechtsstaatliche Feigenblatt.« Damals hatte er den auf Bewährung Entlassenen davor gewarnt, die ihm zugewiesene Arbeit abzulehnen. Doch Gilbert hörte nicht auf ihn – was allerdings keine Folgen hatte. Er kam auf eine Freikaufliste (→ Glossar »Freikauf«, S. 138 f.), wollte aber im Osten bleiben. Seine Haltung damals: »Obwohl ich den Staat verachte, habe ich doch meine Wurzeln hier.«

Im Jahr 2000 veröffentlichte Furian sein Buch *Auch im Osten trägt man Westen*. Darin: seine im Original erhaltenen Interviews mit den Punks sowie seine Gespräche mit den gleichen Leuten nach der Wiedervereinigung.

»Punks« steht auf seiner Mappe. Sie ist zerfetzt an einigen Stellen. Furian reicht sie den Besuchern in der Gedenkstätte. Sie blättern die vergilbten Seiten um. Überfliegen die rund dreißig Jahre alten Dialoge mit den wild frisierten Typen. Bleiben bei einem Zitat eines Ostberliners hängen – über die »rangezüchteten Leute«, die »dem Staat absolut untergeben sind, die dem ooch in allen Diensten ergeben sind, zum Beispiel mit Stasi oder sowat«. Das Bekenntnis: »Ick könnt mir nie vorstellen, det ick so fies sein könnte und andre Leute ausquetsche.« Die Besucher nicken anerkennend und geben Furian den Hefter zurück. Er steckt ihn in seinen schwarzen Lederbeutel. Mit aufgeplatzten Nähten. Verblasster Farbe. Leicht eingerissenen Henkeln. Die Tasche passt nicht zum Besitzer, dem Mann in hellem Trenchcoat und braunem Jackett. Aber er schleppt sie trotzdem mit, schließlich ist sie in seinem Stasibeobachtungsbericht erwähnt.

Furian führt die Gruppe in den Zellengang. Das Licht spiegelt sich matt im Linoleumboden. Flecken und Kratzspuren weisen die Wände auf. Rostig sind die weißen Türen. Er bleibt stehen, schiebt den Riegel zur Seite. Das Metallgeräusch hallt in dem langen Gang. Der frühere Inhaftierte hebt die Stimme, als er den Befehlston des Wachmanns nachahmt: »Eins! Zum Verhör!« In normaler Lautstärke erläutert er: »Er redete uns nie mit Namen an, immer nur mit einer Zahl, je nachdem, auf welcher Seite die Pritsche stand. Für ihn waren wir nur Aufbewahrungsgegenstände.« Die schwere Pforte fällt zu. Mit einem lauten Knall. Furian berührt sie. Gedankenversunken. Noch heute mag er es nicht, wenn Türen um ihn herum geschlossen sind. »Das sind Restschmerzen, die bleiben«, sagt er und schlägt die Augen nieder: »So eine Gefängnisgeschichte steckt man eben niemals ganz und gar weg.«

Seine Hand öffnet eine Klappe, genannt »Fressluke«. Dann imitiert er den Wachmann beim Durchschieben des Tellers. »Das Essen war wirklich auf Hotelniveau«, lobt er und hebt zur Bestätigung den Daumen. Die Besucher schauen ihn verblüfft an. Furian quittiert die Skepsis mit einem Lächeln und wiederholt die Begründung seines Vernehmers: »Damit Sie mir bei der Befragung nicht mit Wut im Bauch gegenübersitzen.« Dann geht er mit der Gruppe ins Vernehmerzimmer – mit blumengemusterten Gardinen, kratzerfreien Tischen und Regalen, bürokratengrauem Befehlsempfängerapparat mit Wählscheibe und Alarmknopfkasten.

Der Major setzte im Dialog auf Psychologie: Er brüllte Gilbert nie an, war freundlich. Fragte, was er trinken wolle. Ließ ganz nach Wunsch schwarzen Tee mit Zitrone bringen – bezahlt von Gilberts Mutter. Der Stasimann erzählte dem ein Jahr älteren Insassen von seiner Familie. Zu seinem Gegenüber stellte sich »sogar eine Art perverser Vertrautheit ein«, bekennt Furian. Dennoch wusste er: »Er ist mein wichtigster Feind, mir überlegen. Ich muss vor ihm auf der Hut sein.«

Auf seinem Gang über das Gelände der Gedenkstätte begleiten Furian überwiegend Menschen aus den alten Bundesländern: »Ich denke, die Leute aus dem Osten scheuen ein bisschen vor diesem Besuch zurück, weil sie sich dann selbst fragen müssen: Auf welcher Seite warst du?« Furian hat Verständnis für seine Landsleute: Die Wiedervereinigung habe »einigen den Boden unter den Füßen weggezogen. Der vertraute, wenn auch politisch repressive Hintergrund war plötzlich verschwunden.« Er legt eine kurze Pause ein und ergänzt dann nachdenklich: »Damit können manche immer noch nicht so richtig umgehen.«

Hohenschönhausen – auch heute noch ein Ort, an dem einige der einstigen Stasileute schön wohnen. »Ach, Sie wollen in das Gruselkabinett«, sagte ein Bewohner zu einem Passanten, der sich nach dem Weg zur Gedenkstätte erkundigte. Furian erzählt davon bei seinem Rundgang. Unter die Schar mischen sich gelegentlich auch Ewiggestrige. Bestreiten sie die Fakten, gibt er Kontra. Regen sich Besucher über die Despotie-Diener auf, glättet er die Wogen. Mehr noch: Damit der Ablauf der Führung nicht gestört wird, nimmt er die ehemaligen Offiziere in Schutz. »Ich bin ein versöhnliches Wesen«, meint der Grauhaarige, lächelt milde. »Das sind doch unwichtige, armselige alte Männer. Sie versuchen verzweifelt, ihre untergegangene Welt noch mal ins Spiel zu bringen.« Mit seiner sanften Stimme fügt er hinzu: »Sie stören ein bisschen. Aber man muss vor ihnen keine Angst haben.« Auch Furians ehemaliger Vernehmer gliederte sich immer wieder in Gruppen ein – gab sich aber nicht zu erkennen. Das wagte er nicht. Jahrelang hatte Furian Kontakt zu Wolfgang M. Als sein einstiger Widersacher 2012 starb, kondolierte er der Gattin. Und er empfand Trauer. Über den Verlust seiner Informationsquelle.

1991 traf der Exhäftling den Exmitarbeiter der Stasihauptabteilung Untersuchung zufällig am Alexanderplatz wieder – im Kaufhaus, auf der Rolltreppe. Furian eilte seinem einstigen Gegner hinterher, bis zu einem Wühltisch. Tippte ihm auf die Schulter. Wolfgang M. drehte sich um, rief »Gilbert!« in einem Ton, wie man einen lieben alten Freund nach langer Zeit wieder begrüßt. Furian rekapituliert die Szene. Er schwenkt die Arme in der Luft, imitiert so freudige Überraschung. Jedes Wort zitiert er. Genüsslich. Amüsiert. So als plaudere er über eine x-beliebige Begegnung. Mit einem einst missliebigen Lehrer beispielsweise. Die Besucher starren ihn verwundert an; ihre Fragen brechen hervor: »Wie war das denn für Sie? Was haben Sie gefühlt?« Jetzt räumt der Angesprochene fürchterliches Herzklopfen ein: »Mein Organismus hat sich an das Gesicht erinnert.« Die Umstehenden wollen wissen: »Hatten Sie denn keine Angst?« Furian schüttelt entschieden den Kopf, dann lächelt er überlegen, fasst seine Gedanken von einst zusammen: »Die DDR gibt es nicht mehr, die Staatssicherheit ist keine Bedrohung mehr. Ich stehe ihm souverän gegenüber.«

Furian bat den ehemaligen Feind sogleich um ein Interview. Wolfgang M. willigte ein. »Wirklich? Warum das denn?« Die Fragen der Neugierigen prasseln nur so auf ihn ein. Siegessicher führt Furian aus: »Er wusste doch: Er war jetzt in der schwächeren Position. Ich war jemand, der etwas Nachteiliges über ihn wusste.« Er tritt einen Schritt auf die Gruppe zu, zieht die Augenbrauen nach oben und flüstert: »Auge um Auge, Zahn um Zahn, daran denke ich gar nicht. Ich wollte nur wissen, wie so jemand tickt.«

Im Haus seines einstigen Peinigers stellte Furian sein Mikrofon auf. Ein doppelter Sieg für Furian: Er saß an dessen Tisch und er stellte die Fragen. Die Familie des Interviewten reagierte auf die Annäherung »sauer«, Furians Ehefrau fand sie »einigermaßen krank«. Auch die meisten ehemaligen Gefangenen waren skeptisch. Dennoch: Es blieb nicht bei dem einen Treffen. Der nun als Wachmann tätige frühere Stasimann empfing Furian auf seinem Wochenendgrundstück, grillte für ihn Würstchen. Der Eingeladene gab seine »Restverachtung an der Garderobe ab«. Freundschaft verband die Männer nicht, eher eine geschäftliche Beziehung, wie der einst Inhaftierte nüchtern klarstellt.

Schweigen, alles vergessen – das wollte Wolfgang M. eigentlich, wie er im Gespräch mit Furian eingestand. Aber er redete dann doch über das gesellschaftskritische Punkheft, in seinen Augen ein »Mosaiksteinchen« dafür, dass es gekracht hatte. Und er gab zu, Dinge mitgemacht zu haben, »die in die Persönlichkeit desjenigen so scharf eingegriffen haben, dass er einen dauernden Schaden davongetragen hat«. Auch die Schuldfrage erörterte der einst herrschaftshörige Mann: »Schämen« war für ihn »eigentlich zu wenig«. Er resümierte: Dass »man Schuld hat, schwerwiegende, ist schon klar«. Auf die Formulierung »Ich entschuldige mich« verzichtete der frühere Staatstreue.

Furian erwartete das auch nicht: »Entschuldigen muss ich ihn. Und das habe ich getan. Wenn jemand seine Schuld eingesteht, kann ich vergeben.« Wolfgang M. meinte aber auch, er habe in der DDR eigentlich nichts Unrechtes getan, alles habe so im Strafgesetzbuch gestanden. Furian sieht das genauso: »Er hat nichts gemacht, was in irgendeiner Weise strafrechtlich relevant gewesen wäre.« Generell hält der einstige Systemgegner nichts von der Bestrafung ehemaliger Stasileute: »Das bringt für die Aufarbeitung nicht viel. Sinnvoller ist es, herauszufinden, wie sie es geschafft haben, nach verrichteter Arbeit in den Spiegel zu schauen. Wir müssen ihnen also zuhören.«

Furian führt die Besucher in den Kellerknast von Hohenschönhausen. Der hellgraue Boden ist mit braunen Flecken übersät. Der schmutzweiße Putz löst sich von den Wänden, die graue Farbe von den Türen. Es ist kühl. Die Insassen fühlten sich hier einst wie in einem abgetauchten Unterseeboot, sprachen daher vom »U-Boot«. Furian weiß das nur aus Erzählungen. Zur Zeit seiner Einlieferung wurde schon seit mehr als zwanzig Jahren niemand mehr hier eingesperrt. In den Dokumenten des Wachpersonals las er vom Suizid eines Mannes: Der Herzkranke zog ein Taschentuch durch das Gitter in der Zelle, erdrosselte sich. Furian greift an seinen Hals, um den Umstehenden die Tat vor Augen zu führen.

Einige Meter weiter stößt Furian die Tür zur Gummizelle auf. Ein schmaler Lichtstreifen gleitet ins stockdunkle Innere. Die Besucher berühren die dicken schwarzen Polsterwände, blicken in den leeren Raum. »Bei wem die Beruhigungsspritzen nicht wirkten, da half der Schließer eben nach.« Furian schlägt schnell mit der Hand auf die Faust, um das zu demonstrieren. Dass Menschen im Keller misshandelt wurden, beweist der Bericht einer früheren Mitarbeiterin im Zahntechniklabor: Hörte sie Schreie, musste sie in der Zelle Blut, Urin und Erbrochenes aufwischen. Schweigend starren die Besucher auf den Boden, als sähen sie das alles vor sich. An diesen Ort des Grauens immer wieder zurückzukehren, ist für den Exhäftling »nicht bedrückend«, weil er hier »einem entmachteten Geheimdienst auf die Füße« treten kann. Genugtuung schwingt in seiner Stimme mit. Auch ein wenig Schadenfreude. Er hegt keinen Groll, denn mit den geführten Interviews ist für ihn »die Sache abgeschlossen, abgebucht und erledigt«.

Nicht nur sein einstiger Vernehmer redete mit ihm, sondern auch andere ehemalige Staatsknechte. Sie waren nicht gleich zum Gespräch bereit; lange musste er sie überreden. Am härtesten ging ein früherer Oberrichter mit sich ins Gericht. Dachte zurück an 1968, die Zeit nach dem Einmarsch der Truppen der Warschauer-Pakt-Staaten (→ Glossar, S. 147) in die Tschechoslowakische Sozialistische Republik. Damals führte er Prozesse gegen Kritiker dieser Intervention, die sich für einen »Frühling auch hier im Lande« eingesetzt hatten. »Für diese Entscheidungen schäme ich mich seit Langem schon abscheulich.« Und genau für diese Scham verachten ihn seine Exgenossen.

Zwischen Wendewunsch und Linientreue lavierte ein ehemaliger Staatsanwalt hin und her. 1991 zeichnete er seine damaligen Gedanken nach: »Das, was die da wollen, die da auf die Straße gehen, das willst du ja eigentlich auch.« Dennoch verteidigte er sein Handeln rückblickend als richtig und notwendig. Anteil hatte er folglich »auch an dem, was Schlechtes geschehen ist«. Dass er an Furians Buchprojekt mitwirkte, betrachtete er für sich selbst als »einen Teil Schuldabbau oder Wiedergutmachung«. Furian findet das »nicht dramatisch«: »Dafür, dass er mir Informationen gibt, kann er die Vergebung gerne bekommen.«

Der auf ihn angesetzte Spitzel (→ Glossar »Inoffizieller Mitarbeiter (IM) des Ministeriums für Staatssicherheit (MfS)«, S. 142) an der Leipziger Uni gestand die »schlimmste Verfehlung« seines Lebens ein. Weil er seine Stasiverstrickungen auch öffentlich zugab, erhielt er anonyme Anrufe, doch darüber beklagte er sich nicht: »Es war und ist meine Schuld.« Ein anderer Spion fühlte sich einerseits »missbraucht für eine Sache, die nicht gut war«, dachte aber andererseits: »So ganz falsch kann's einfach nicht gewesen sein.« Beim Arbeitsamt gilt der Mann als schwer vermittelbar: »Einen Verbrecher will keiner einstellen.«

Wie einen Verbrecher schoben die Wachleute Gilbert Furian einst in die Hofgangzelle. Vier mal zehn Meter misst sie. Vier Meter hoch sind die Mauern des Freiganghofs. Wer konnte hier schon frei gehen, umgeben von Alarmanlage und Stacheldraht. Im Ohr die Schritte der bewaffneten Posten auf der Beobachtungsbrücke. »Auch im Winter war ich dünn bekleidet hier draußen«, erzählt Furian an diesem trüben Novembertag. Einige der Umstehenden schlagen ihren Kragen hoch, andere ziehen die Schultern fröstelnd zusammen, so als spürten sie eine imaginäre Eiseskälte. Die Eingesperrten nannten das mit Maschendraht abgedeckte Mini-Areal einst »Tigerkäfig«. Doch Gilbert schlich damals nicht wie ein Tiger herum. Er rannte. »248 Runden in dreißig Minuten«, diese beiden Zahlen haben sich festgesetzt in seinem Gedächtnis. Gymnastik war in den Zellen verboten, der Dauerlauf seine einzige Bewegungsmöglichkeit. Und seine Entspannung von des Tages Müh.

Gedenkstätte Berlin-Hohenschönhausen
Nach dem Zweiten Weltkrieg entstand auf dem einstigen Gelände der Nationalsozialistischen Volkswohlfahrt das sowjetische Speziallager Nr. 3, danach das zentrale sowjetische Untersuchungsgefängnis für Ostdeutschland. 1951 übernahm das Ministerium für Staatssicherheit den Komplex und nutzte ihn bis 1989 als zentrale Untersuchungshaftanstalt für rund 11.000 Gefangene. Die Gedenkstätte befindet sich in dem ehemaligen militärischen Sperrbezirk. Exhäftlinge führen die Interessenten über das denkmalgeschützte Areal. Seit Gründung der Gedenkstätte 1994 haben mehr als fünf Millionen Menschen das frühere Stasigefängnis besichtigt.

Gedenkstätte Berlin-Hohenschönhausen, Genslerstraße 66, 13055 Berlin, www.stiftung-hsh.de

»Ich wollte aus Liebe zu meinem Freund in den Westen«

Mario Röllig

(*1967)
wagte die Flucht und setzt sich heute
mit Ex-Stasileuten auseinander

Nach Westberlin zog es ihn. Zu einem Politiker, seiner ersten großen Liebe. Mario versuchte zu fliehen – über die ungarisch-jugoslawische Grenze (→ Glossar »Republikflucht«, S. 145f.). Der Neunzehnjährige wurde geschnappt, kam für drei Monate in die zentrale Untersuchungshaftanstalt des Ministeriums für Staatssicherheit nach Hohenschönhausen, Ostberlin. Dann wurde er von der Bundesrepublik freigekauft (→ Glossar »Freikauf«, S. 138f.) und gelangte 1988 in den Westen. Nach der Wiedervereinigung (→ Glossar, S. 148f.) sah er seinen ehemaligen Vernehmer zufällig wieder. Er erinnerte ihn an die Verhöre. Doch der Angesprochene zeigte keine Reue. Mario Röllig erlitt daraufhin einen psychischen Zusammenbruch. Heute arbeitet er das Erlebte auf – im einstigen Gefängnis in Hohenschönhausen. Als ehemaliger Inhaftierter führt er Besuchergruppen durch die Gedenkstätte. Zudem erzählte der Berliner seine Geschichte bei Vorträgen in den USA und in Russland.

Es sind noch wenige hundert Meter auf ungarischem Boden, dann erreicht der Ostberliner die Grenze nach Jugoslawien. Es ist heiß an diesem Junitag 1987. Mario Röllig verschanzt sich im Gebüsch, immer wenn sich ein Grenzpolizist nähert. Dann macht er sich weiter auf den Weg. Er kommt an einen Bauernhof und fragt auf Englisch nach einem Glas Wasser; ein Ungar gibt es ihm. Mario läuft weiter, sieht die Grenztafeln. Plötzlich hört er »Stopp!«, dreht sich um; es ist der Mann von soeben. Mario rennt, um seine Freiheit, um sein Leben. Ein zweiter Schrei: »Stopp!« Er hört einen Schuss, Kugeln knallen auf den Boden, eine links neben ihm, eine rechts; kurz vor dem Grenzschild rutscht der Gehetzte aus, bleibt liegen. Er muss dem Bauern gehorchen, aufstehen, sein Westgeld hergeben. Mario fleht seinen Verfolger an, ihn laufen zu lassen. Doch der Kopfgeldjäger drückt ihm die Pistole in den Rücken, liefert ihn der Polizei aus und kassiert eine Prämie.

Mario wollte aus dem System ausbrechen, dem er sich jahrelang untergeordnet hatte. Seine Eltern äußerten zwar Kritik an der DDR – aber nur hinter verschlossener Wohnungstür, gehörten sie doch der Sozialistischen Einheitspartei Deutschlands an. Ihrem Sohn brachten sie bei, sich anzupassen in Schule und Beruf. Er hielt sich daran, lebte sein Leben, ohne aufzufallen.

Erst 1985 geriet er ins Visier des Ministeriums für Staatssicherheit. Weil er sich regelmäßig in Ostberlin mit einem Westberliner Politiker traf, seiner Bekanntschaft aus dem Ungarn-Urlaub. Die Stasiverfolger richteten Kameras auf die beiden Männer. Sie waren ihnen ein Ärgernis. Gleichgeschlechtliche Liebe galt in der DDR als »moralisch verwerflich« und »völlig suspekt«, so Mario Rölligs Erfahrung. In den Ostberliner Clubs, Discos und Bars für Homosexuelle spionierte entweder der Türsteher, die Klofrau oder Nachtschwärmer für die Stasi, erzählt er im Interview für das vorliegende Buch. Auch ihn wollte das MfS als Inoffiziellen Mitarbeiter (→ Glossar, S. 142) ködern. Er sollte Informationen liefern, mit denen der homosexuelle Politiker erpressbar gewesen wäre. »Das mache ich nicht«, mit bestimmtem Tonfall wiederholt Röllig dreißig Jahre später seinen damaligen Entschluss. Seine Eltern hatten ihn schließlich zu Loyalität gegenüber der Familie und Freunden erzogen. Und dem blieb er treu.

Seinem Widerstand folgte der soziale Abstieg: Der ausgebildete Restaurantfachmann verlor seinen gut bezahlten Job im

Schönefelder Flughafenrestaurant. Er weigerte sich zunächst, als Tellerwäscher in einem Bahnhofsbistro zu arbeiten. Da drohte die Stasi ihm mit Haft. Unerträglich fand er diese Situation. Unbezwingbar war seine Lust auf ein neues Leben mit seinem Freund im Westen. Nur ein Gedanke setzte sich fest in seinem Kopf: »Ich halte es hier keinen Tag länger aus.« Das Ungarn-Visum bekam er. Weder Familie noch Freunde wussten von seinem Plan.

Nach einer Woche im Budapester Knast bringen Stasimänner den Gefangenen in die MfS-Untersuchungshaftanstalt nach Hohenschönhausen. In seiner Einlieferungsanzeige ist »Homosexualität« als Kennzeichen nicht angekreuzt. Er kriegt aber spezielle Anstaltskleidung: rote statt blaue Shorts.

Die Stasi wählt den zuständigen Vernehmer extra für Mario aus: Der Mann ähnelt seinem Westberliner Freund. Um die Liaison geht es nicht nur im Verhör mit dem Inhaftierten. Der Stasioffizier legt den Eltern bei einer Befragung Fotos vor – heimlich in einem Hotelzimmer aufgenommen. Sie zeigen Mario und seinen Freund. »Schauen Sie mal, das ist Ihr feiner Sohn. Wollen Sie nun ein paar Aussagen machen?« Das muss sich der Vater anhören. Er hatte keine Ahnung, dass Mario homosexuell ist. Aber er lässt sich nichts anmerken. Beteuert, er halte zu dem Jungen.

1987 ahndet die DDR den »ungesetzlichen Grenzübertritt« mit bis zu acht Jahren Gefängnis – gemäß Strafgesetzbuch-Paragraf 213. Noch während Marios Haft beauftragt eine Freundin im Westen ein Anwaltsbüro, das über gute Kontakte zum innerdeutschen Ministerium verfügt. So gelangt Mario auf eine Freikaufliste. Beim Freikauf entlohnte die Bundesrepublik die DDR dafür, dass sie einen Gefangenen in den Westen ausreisen ließ.

Nach drei Monaten kommt Mario frei – aufgrund einer allgemeinen Amnestie. Er wird in die DDR entlassen. Weiß, dass er auf der Freikaufliste steht. Glaubt fest daran, dass er in den Westen übersiedeln darf. Weiß aber nicht, wie lange er noch warten muss. Seine »Frustrationsgrenze« ist erreicht. Er beantragt die »Entlassung aus der Staatsbürgerschaft«; vier Jahre zuvor regelte das Regime erstmals das Verfahren zur »ständigen Ausreise«. Nach der Absage lässt er nicht locker. Er schreibt einen Protestbrief – an Erich Honecker, den Staats- und Parteichef der DDR. Darin hieß es unter anderem: »Ich wollte aus Liebe zu meinem Freund in den Westen. Es ist schließlich keine Straftat, schwul zu sein.« Zudem sei er als gescheiterter Flüchtling stigmatisiert und finde nie wieder einen guten Job. Im Westen habe er hingegen Chancen, sich beruflich weiterzuentwickeln. Als sinnlos bezeichnet er das Leben in dem Staat.

Das Protestschreiben verfehlte seine Wirkung nicht. Mario durfte »das große Gefängnis DDR« verlassen. Für immer. Angekommen in Westberlin, eilte er zum Haus seines Freundes. Das Wiedersehen – ein Schock für ihn. Er erkannte: Der Politiker lebte mit Frau und Kindern. Kein Wort wechselten die Männer miteinander. »Was für ein Arschloch!«, fuhr es ihm damals durch den Kopf. Heute denkt er anders darüber, möchte nicht in der Haut des anderen stecken, »Frauen und Männer gleichzeitig lieben und damit so zerrissen im Herzen sein«.

Nach seiner Ausreise aus der DDR wohnte Mario in Westberlin, Stuttgart, jobbte als Reiseleiter in Russland und ging für einige Zeit nach San Francisco. Heute wohnt er in der Bundeshauptstadt.

Den 9. November 1989 (→ Glossar »Mauerfall«, S. 144) erlebte der damals 22-Jährige auf der Westseite vom Brandenburger Tor. Tränen standen ihm in den Augen. Nicht vor Freude. Sondern vor Wut: »Jetzt sehe ich das ganze Stasipack wieder, das mir das Leben schwer gemacht hat.« Er redet sich heute noch in Rage, wenn er sich an seine Prophezeiung von einst erinnert. Sie bewahrheitete sich – 1997: Er durchforstete seine Stasiakte, erkannte eine Handschrift. Sein Jugendfreund war einer der Spitzel, kassierte Geld und Geschenke dafür. »Für mich ist eine

Welt zusammengebrochen«, sagt Röllig heute mit leiser Stimme. Damals stellte er den Kumpel zur Rede. Die lapidare Antwort: »Es ist so lange her. Wäre ich es nicht gewesen, wäre es ein anderer gewesen.« Nach diesem Gespräch sahen sich die beiden nie wieder. »Dieser Verrat war für mich fast wie Mord.«

Der nächste Anschlag auf seine Seele folgt zwei Jahre später – an seinem Arbeitsplatz, in der Zigarrenabteilung im Kaufhaus des Westens in Berlin. Plötzlich erkennt er ein Gesicht, das sich eingebrannt hat in sein Gedächtnis. Sein ehemaliger Vernehmer steht vor ihm. Ein edel gekleideter Herr. Für ihn der »leibhaftige Teufel«. Als Mario die wohlbekannte Stimme hört, kommt ihm dieser Satz in den Sinn: »Mit Mördern in der Zelle wird es bestimmt nicht angenehm für Sie.« Mario wird kreidebleich. Zittert. Sein erster Gedanke: »Ich haue ihm auf die Schnauze.« Doch er verwirft ihn wieder – erinnert den Mann lieber an die Verhöre im Stasigefängnis Hohenschönhausen. Sein Gegenüber zuckt mit den Achseln und meint: »Ja, und?« Mario weiter: »Ich saß damals mit neunzehn auf der anderen Seite des Schreibtisches und Sie haben mich monatelang schikaniert.« Ob er sich nicht dafür entschuldigen wolle, meint der ehemalige Gefangene: »Sie müssen mir ja nicht um den Hals fallen, aber ein Handschlag und ein ›Es tut mir leid‹ wären doch angebracht.« Die Antwort: »Wofür? Reue ist etwas für kleine Kinder.« Der Ex-Stasimann wendet sich um und geht. Mario bricht zusammen. Wochen später schluckt er eine Überdosis Schlaftabletten. Ein Freund findet ihn bewusstlos in der Wohnung, bringt ihn ins Krankenhaus. »Das Trauma der Haft kam so stark wieder hoch. Da war die Angst, dass sie mich gefunden haben«, erklärt Röllig. Heute wirkt der Endvierziger selbstsicher im Interview, spricht mit fester Stimme von allem, was ihm widerfahren ist. Aber ganz vergessen kann er es nicht. Panikattacken suchen ihn noch heute heim: Er öffnet nicht, wenn es unerwartet an der Wohnungstür klingelt, weil er sich fragt: »Ist es der Postbote oder die Stasi?«

Röllig weiß, wo sein einstiger Vernehmer wohnt – aber er kann juristisch nichts gegen ihn unternehmen. Er hat zwar ein medizinisches Gutachten, das die psychische Folter bei den Verhören belegt. Aber er muss beweisen, dass genau dieser Mann ihn seelisch gequält hat, und da steht Aussage gegen Aussage. Zeugen gibt es nicht. Und im Maßnahmenplan stand nur, wie der Stasimann vorgehen sollte, aber nicht, was er wirklich getan hat.

Wieder denkt Röllig zurück an den 9. November 1989 und seine Befürchtung: »Die werden wieder oben schwimmen. Das wusste ich genau. Und das war ja dann auch so und ist bis heute so.« Mit Gleichgesinnten demonstriert er immer wieder bei Veranstaltungen von Ex-Stasileuten. Ihre alten Seilschaften seien heute noch aktiv – aber man könne sich wehren gegen die falschen Darstellungen der DDR-Geschichte. 2016 konstatiert er: »Das Allergrausamste ist für sie, dass sie Menschen wie mich nicht mehr verhaften können. Und dieses Gefühl macht mich stark.«

Eine Aufarbeitung des Erlittenen empfahl der Chefarzt in der Klinik – nach Rölligs Suizidversuch 1999. »Junge, wenn du jetzt aufgibst, dann haben die doch damals erreicht, was sie wollten«, hob er hervor und drückte seinem Patienten einen Flyer der Gedenkstätte Berlin-Hohenschönhausen in die Hand. Seitdem führt Röllig Besuchergruppen durch den einstigen Stasiknast: »Jetzt haben wir ehemaligen Häftlinge hier die Schlüssel in der Hand.«

Bei einem Rundgang lernte er einen jungen deutschen Lehrer der Deutschen Schule in Moskau kennen – und wurde 2015 eingeladen, in die Hauptstadt von Russland. Auch zwei ehemalige DDR-Pädagogen arbeiten an der Deutschen Schule. Sie widersprachen Röllig nicht, als er vor der Klasse beispielsweise sein Leben und den Schulalltag in der Diktatur, seine misslungene Flucht und die Folgen schilderte. Erst hinterher beklagten sie sich über seine »undifferenzierten Betrachtungen«. Doch die Schüler verteidigten Röllig: »Er hat eben seine persönliche Geschichte erzählt.« Eine Genugtuung für den Berliner. Von den Vorträgen schwärmten die älteren Schüler den jüngeren vor, auf ihren Wunsch hin will das Kollegium einen weiteren Besuch einplanen.

Schüler und Lehrer warben auch für Rölligs Abendvortrag beim Rotary Club in Moskau – verteilten Flyer in der Gegend. Kein Stuhl blieb frei im Saal. In einigen Reihen rumorte es. Denn dort saßen ehemals Stasiverantwortliche. Sie stellten Rölligs dargelegte Fakten infrage. Der Angegriffene gab Kontra, ganz gelassen. Es habe ihn nicht gewundert, sie dort zu sehen: »Sie pflegen in Moskau ihre Kontakte, die sie noch aus alten Zeiten haben.«

Gelegentlich trifft der einstige Inhaftierte bei seinen Führungen durch das frühere Stasigefängnis auch auf junge Amerikaner, die in ihrer Heimat deutsch-deutsche Geschichte studieren. So erhielt er eine Einladung in die USA – zum 25. Jahrestag des Mauerfalls im November 2014. An der George Washington University in Washington DC, an der University of North Carolina at Charlotte und dem Davidson College in North Carolina sowie an Highschools trat er auf. Röllig sprach unter anderem über sein Leben in der DDR, den Fluchtversuch, die anschließende Haft und die heutige Aufarbeitung des SED-Unrechts – vor Schülern, Studenten, deutschstämmigen US-Bürgern und einst in Deutschland stationierten US-Soldaten. Insgesamt hörten ihm 1500 Menschen zu.

Applaus brandet auf im Hörsaal, seine Zuhörer jubeln ihm zu. Es gibt Standing Ovations – wie nach einem Rockkonzert. »Das war mir direkt unheimlich«, meint Röllig. Sein Schicksal berührt die Amerikaner wie eine Story aus einem Hollywoodfilm, führt der Berliner aus: Der Protagonist gerät in eine Katastrophe und zieht sich selbst wieder heraus. »Mir geht es heute gut«, sagt er. Deshalb könne er sein Publikum mit Optimismus aus dem Vortrag entlassen. Sein Erfolg als Referent brachte ihm eine fünfmonatige Gastprofessur an der University of North Carolina at

Charlotte ein. 2016 leitete er gemeinsam mit Professoren Seminare – in dem Land der einstigen DDR-Klassenfeinde, vor denen ihn Lehrer und Stasileute gewarnt hatten. Für Röllig ist das »ein ganz großer Triumph«.

Republikflucht

Es war eine »Abstimmung mit den Füßen« über das DDR-System – »Republikflucht« von der SED genannt. Wer türmte, galt als Verräter. Rund 2,7 Millionen DDR-Bürger registrierte das Notaufnahmeverfahren der Bundesrepublik als Flüchtlinge – zwischen dem Staatsgründungsjahr 1949 und dem Mauerbau (→ Glossar, S. 143 f.). In der Zeit vom 13. August 1961 bis Ende 1988 überwanden 40.101 »Sperrbrecher« die innerdeutsche und Berliner Grenze. Insgesamt wird die Zahl der Todesopfer infolge von Fluchtversuchen auf mehr als tausend geschätzt – laut der Bundeszentrale für politische Bildung und der Robert-Havemann-Gesellschaft.

»Wir bestrafen die Täter, indem wir das Schweigen brechen«

Corinna Thalheim

(*1967)
klärt über sexuelle Gewalt im Jugendwerkhof auf – als Betroffene

Weil sie geschwänzt hatte, war sie von der Schule geflogen. Nun wollte Corinna den Abschluss nachholen. Die Tochter einer Alleinerziehenden suchte Unterstützung bei der Jugendhilfe und musste die Grausamkeit des staatlichen Erziehungssystems erdulden: Die Behörde wies sie 1984 in einen Offenen Jugendwerkhof ein. Nach drei Fluchtversuchen landete sie in Torgau, dem einzigen Geschlossenen Jugendwerkhof der DDR. In der härtesten Jugenderziehungseinrichtung des Staates steckten Erzieher das Mädchen in eine kleine Einzelzelle. Und der Direktor missbrauchte die Siebzehnjährige mehrmals sexuell.

2011 erzählte die gebürtige Sächsin zum ersten Mal von ihrem Leid in der strafvollzugsähnlichen Anstalt. Mit anderen Betroffenen gründete sie die Selbsthilfegruppe Verbogene Seelen *und drei Jahre später den Verein* Missbrauch in DDR-Heimen. *Als Zeitzeugin spricht sie mit Besuchern in der Gedenkstätte Geschlossener Jugendwerkhof Torgau nahe Leipzig.*

Sie liegt auf dem Bett im Schlafraum. Hört Schritte. Dann das Schloss. Ein Erzieher steht vor ihr, nickt kurz, bedeutet ihr mitzukommen. Corinna läuft hinter ihm her. Durch den dunklen Gang. Zur Wohnung des Jugendwerkhof-Direktors. Ein älterer Mann. Unverheiratet. Er erwartet sie schon – wie in so vielen Nächten zuvor. Sie muss den Hass unterdrücken. Den Widerwillen. Den

Ekel. Die Jugendliche muss seine Befehle befolgen. Schutzlos fühlt sie sich damals. Besudelt. Immer wieder muss sie zu ihm. Dreieinhalb Monate geht das so.

»Sexueller Missbrauch ist die schlimmste Gewalt, die man einem Menschen antun kann«, sagt Corinna Thalheim dreißig Jahre später, im Interview für das vorliegende Buch. Sie ringt um jedes Wort, stockt beim Sprechen. Seelische Wunden sind geblieben: »Ein normales Leben kann ich nicht führen.«

Der Direktor und die Erzieher in Torgau missbrauchen auch andere Mädchen sexuell. Jede Betroffene weiß, dass sie nicht die Einzige ist. Doch alle schweigen. Aus Angst. Am Entlassungstag müssen sie unterschreiben, mit niemandem über ihren Aufenthalt und die Marter zu sprechen – ein Jahr lang. Doch viele halten sich noch heute daran. Sie kriegen das Verbot nicht heraus aus ihrem Kopf.

Corinnas qualvoller Weg begann bei der Jugendhilfe. Allein ging sie dorthin. Sie klagte, dass ihre alleinerziehende Mutter nie Zeit habe; sie bereute ihre Schulschwänzerei – und die Folgen: den Rausschmiss. Nun wollte sie ihren Abschluss machen und bat um Unterstützung.

Der Hinweis auf eine Vernachlässigung der Erziehungspflicht stieß bei den Behördenmitarbeitern auf offene Ohren. Um einer weiteren »Fehlentwicklung der Jugendlichen« gegenzusteuern, wiesen sie sie in den Offenen Jugendwerkhof in Wittenberg ein. Dazu war die Jugendhilfe befugt – schließlich betrachtete das Regime die Kindererziehung nicht als Privatsache, sondern als bedeutende staatsbürgerliche Aufgabe. Und im Zweifelsfall gab die DDR der staatlichen Erziehung gegenüber der elterlichen den Vorrang.

Die Jugendhilfe informierte Corinnas Mutter lediglich über den Schritt. »Aber selbst wenn meine Mutter die Möglichkeit gehabt hätte, dagegen anzugehen, sie hätte es nicht getan«, stellt Corinna Thalheim nüchtern fest.

In DDR-Jugendwerkhöfen landen beispielsweise Schulschwänzer und Ausreißer. Sie sollen eine linientreue Gesinnung annehmen, Disziplin erlernen sowie sich dem Kollektiv unterordnen – sprich, zu »sozialistischen Persönlichkeiten« heranreifen. Einige der Pädagogen wurden in die Spezialheime strafversetzt, nach Scheitern in anderen Einrichtungen. Es fehlte ihnen an einer entsprechenden Ausbildung und mit der Erziehung der ihnen anvertrauten Jugendlichen waren sie überfordert. Die Jugendwerkhöfe dienten als Abschiebestation für diese Pädagogen, weil dort Personalmangel herrschte.

Der Tagesablauf gestaltet sich in allen Jugendwerkhöfen ähnlich: Zwischen dem Wecken um 5.30 Uhr und der Nachtruhe um 21.30 Uhr stehen unter anderem Bettenbau, Revierreinigung, Vorzeigen der geputzten Schuhe, Bekleidungskontrollen sowie Unterricht oder Arbeit auf dem Programm.

Corinna muss eine Teilfacharbeiterausbildung zur Wirtschaftspflegerin in Wittenberg absolvieren. Eine herbe Enttäuschung für das Mädchen: Denn damit stirbt die Hoffnung auf einen Schulabschluss.

In Wittenberg schlagen die Erzieher Corinna nicht; dafür greifen die anderen Mädchen sie an. Als Neue muss sie das ertragen. Sie flieht zu ihrer Mutter, zeigt ihr die Verletzungen. Die Reaktion: »Du bist zur Jugendhilfe gegangen. Du hast dir das selbst ausgesucht. Das stehst du schon durch.« Die Verzweifelte eilt zu ihrer Clique. Die Polizei schnappt sie, bringt sie zurück nach Wittenberg.

Die Strafe: drei Tage Arrest – in einer Zelle mit Bett, Tisch und Hocker. Zwei weitere Fluchtversuche folgen. Sie kommt in Isolationshaft. Schließlich bleiben noch achteinhalb Monate bis zur ihrer Entlassung. Corinna beugt sich dem Willen der Erzieher. Dennoch wird sie überraschend für die letzten dreieinhalb Monate nach Torgau geschickt – in den Geschlossenen Jugendwerkhof. Hier gibt es keinen Ausgang wie im Offenen Jugendwerkhof. Hier sind die jungen Menschen gefangen. Wie

Verbrecher. Bei der Ankunft desinfizieren die Mitarbeiter die Heranwachsenden und scheren ihnen die Haare kurz. Dann sperren sie die Neuen sogleich in eine Zelle. Mit vergitterten Milchglasfenstern. Einer Pritsche. Einem Hocker. Einem Notdurftkübel. Corinna muss zwölf Tage einsitzen anstatt der üblichen drei Tage – ohne Begründung. Nur ab und zu sieht sie Bedienstete, die ihr Essen und ein Getränk bringen.

Die seelische Folter nimmt kein Ende: Weil Corinna ein anderes Mädchen bei der Arbeit unterstützt und somit »sozialistischen Betrug« begangen hat, muss sie drei Tage lang in den Fuchsbau. Nur zu den Mahlzeiten darf sie aus dem 1,20 mal 1,20 Meter messenden Kellerloch kriechen. »Töten die mich jetzt?«, fragt sich die Siebzehnjährige dort. Stockfinster ist es. Nass. Denn Grundwasser sickert durch. »Leg dich rein und mach den Deckel zu, das ist genauso«, murmelt die einstige Eingekerkerte mit erstickter Stimme. »Emotional bin ich auch heute noch dort unten.«

Die militärähnlich geführte Anstalt befand sich nicht nur in einem ehemaligen Gefängnis, sie glich auch selbst einem. Mit massiv vergitterten Fenstern und Türen. Etwa fünf Meter hohen Mauern. Wachtürmen. Männer mit Schlagstöcken bewachten die Vierzehn- bis Achtzehnjährigen. Wie Sträflinge. Einige versuchten zu entkommen. Sie scheiterten alle. Corinna wagte es gar nicht erst. Der einzige Geschlossene Jugendwerkhof der DDR war eine Disziplinierungseinrichtung der Jugendhilfe, die direkt dem Ministerium für Volksbildung und damit Margot Honecker unterstand. Ihren Hass auf die langjährige Ministerin für Volksbildung fasst sie 2014 in Worte: »Sie wusste genau, was in Torgau abging, und befürwortete das.«

Gitter trennen die Abteilungen der Mädchen und Jungen voneinander. Mögliche Kontakte während des Hofgangs verhindert ein scharf abgerichteter Hund an einer Laufleine. Nur im Laufschritt dürfen sich die bis zu sechzig Insassen bewegen. Der Tag ist durchstrukturiert: Corinna muss beispielsweise Flugzeugteile für die Industrie herstellen. Ständig beaufsichtigen die Erzieher ihre Zöglinge. Die harten Typen unter den Heranwachsenden setzen sich durch. Corinna nimmt sich der Ankömmlinge an, wie schon in Wittenberg. Bei Rangeleien beschützt sie die Angegriffenen, steckt auch mal Dresche für sie ein. »Wer nicht hören will, muss fühlen!«, so lautet das Motto der Pädagogen in der härtesten Jugenderziehungseinrichtung des Staates. Trotz offiziellem Verbot züchtigen sie die Halbwüchsigen. Und sie ordnen Sport als Strafe an – vorzugsweise den Torgauer Dreier mit Liegestützen, Hocke und Hockstrecksprung.

Kraft schöpft Corinna stets, wenn sie in Gedanken ihren geliebten Großvater raunen hört: »Gott hat dir das Leben gegeben. Gott wird dir das Leben nehmen.« Dieses Credo und ihr eigener Überlebenswille halten die Jugendliche davon ab, Selbstmord zu begehen. Einige bringen sich um. Oder versuchen es wenigstens. Die Eingesperrten sind allein. Mit ihren Nöten. Mit ihren Ängsten. Freundschaften schließen können sie mit niemandem. Denn jeder ist sich selbst der Nächste. Viele denunzieren andere. »Ich hätte das nie gemacht«, bekräftigt Corinna Thalheim.

Ein halbes Jahr nach ihrer Entlassung versuchte das Ministerium für Staatssicherheit Corinna anzuwerben (→ Glossar »Inoffizieller Mitarbeiter (IM) des Ministeriums für Staatssicherheit (MfS)«, S. 142), bei einem Gespräch an ihrem Arbeitsplatz. Mit einem bitteren Lachen erzählt sie im Interview, was sie damals erwiderte: »Ich soll für euch arbeiten? Da habe ich keinen Bock drauf.« Sie verlor ihren Job – aber was mehr zählte für sie: »Da habe ich zum ersten Mal Mut gezeigt.«

Was sie sich jahrelang nicht traute: mit ihrem Mann und ihren Kindern über den sexuellen Missbrauch zu sprechen. »Ich habe mich geschämt«, räumt die dreifache Mutter leise ein.

Erst 2011 öffnete sie sich gegenüber ihrer Familie – nach ihrem Nervenzusammenbruch, ausgelöst durch Medienberichte über sexuelle Gewalt. Die damals 44-Jährige wandte sich an die Gedenkstätte Geschlossener Jugendwerkhof Torgau, erfuhr von anderen Missbrauchsbetroffenen und kontaktierte sie.

Corinna Thalheim wiederholt den damals gemeinsam gefassten Beschluss: »Es ist Zeit, dass wir etwas unternehmen. Sexuelle Gewalt ist immer noch ein Tabuthema. Und gerade über den Missbrauch in DDR-Heimen ist noch viel zu wenig bekannt.« Die Gleichgesinnten gründen die Selbsthilfegruppe *Verbogene Seelen* und 2014 den Verein *Missbrauch in DDR-Heimen* im ehemaligen Jugendwerkhof Torgau. Der Verein fördert unter anderem die Beratung und Begleitung von Betroffenen sexueller Gewalt bei der Verarbeitung traumatischer Heimerfahrungen und die Unterrichtung über das Unrecht in der DDR-Heimerziehung. Und er bemängelt: Es fehlt eine grundsätzliche Aufarbeitung und Aufklärung zum sexuellen Missbrauch in Institutionen und in der Familie, die das Leid der Betroffenen angemessen einbezieht.

Achtzehn Jahre Heimerziehung, Stationen in sechzehn Kinderheimen, Vergewaltigung und Haft prägen unter anderem die Lebensläufe der Betroffenen. Corinna Thalheim berät sie in Torgau: »Das ist meine Form der Aufarbeitung. Und wenn ich höre, was anderen passiert ist, komme ich mir mit meinem kleinen Einzelschicksal wie eine Null vor.«

Der Direktor, Corinnas Peiniger, starb am Tag des Mauerfalls (→ Glossar, S. 144). Die letzten Insassen verließen im November 1989 den grässlichen Ort. Das Personal entfernte Gitter und Sichtblenden von den Fenstern, wechselte die Türen aus und vernichtete Akten.

Wo zu DDR-Zeiten Jugendliche im Zellentrakt darben mussten, sonnen sich heute Menschen auf ihren Balkonen. »Sie wissen natürlich, was da war«, erläutert Corinna Thalheim: »Aber sie wollen mit all dem nichts zu tun haben.«

Die Treuhand verkaufte die leer stehende Immobilie an einen privaten Investor. Eine Wohnanlage entstand. Der Verein

Initiativgruppe Geschlossener Jugendwerkhof Torgau rettete das Haupthaus, die Dunkelzellen und den Fuchsbau und richtete eine Gedenkstätte ein.

»Geschockt« reagieren die Besucher, wenn Corinna Thalheim heute bei ihren Zeitzeugenveranstaltungen von den Torturen erzählt. Von den Prügeln. Vom Einzelarrest. Vom sexuellen Missbrauch. Die Ehrenamtliche lernte auch Leute kennen, die der Meinung waren, »dass alles richtig gewesen ist, was zu DDR-Zeiten geschehen war«. Sie nahm sie mit nach Torgau. Nach dem Rundgang entschuldigten sie sich bei der ehemaligen Insassin für ihre Äußerungen.

Corinna Thalheim kennt keinen Fall, in dem ein Schuldtragender aus Torgau aufgrund sexueller Gewalt strafrechtlich belangt wurde. Doch die Frau erinnert an die Vergehen, geht an die Öffentlichkeit, mit Schicksalsgefährten an ihrer Seite. »Keiner kann behaupten, dass wir lügen. Dafür sind wir einfach zu viele, die das bezeugen«, erklärt sie: »Wir bestrafen die Täter, indem wir das Schweigen brechen.«

Gedenkstätte Geschlossener Jugendwerkhof Torgau

1989 gab es in der DDR 474 staatliche Heime – davon 32 Jugendwerkhöfe, aber nur einen Geschlossenen Jugendwerkhof. Dort saßen von 1964 bis 1989 mehr als 4000 Mädchen und Jungen ein. Sie wurden zur Anbahnung eines Umerziehungsprozesses für bis zu sechs Monate eingewiesen – dabei hatten sie weder Straftaten begangen noch gab es eine richterliche Anordnung für die Unterbringung (→ Glossar »Justiz«, S. 142 f.).

Die Verhältnisse waren in vieler Hinsicht härter als im Strafvollzug; das stellte 1990 ein unabhängiger Untersuchungsausschuss fest. Die SPD-Arbeitsgruppe der Enquete-Kommission des Deutschen Bundestages Aufarbeitung von Geschichte und Folgen der SED-Diktatur in Deutschland schaltete sich ein. 1993 stellte sie Strafantrag gegen Margot Honecker und andere für die Torgauer Einrichtung Verantwortliche. Die Ermittlungen des Landeskriminalamts ergaben jedoch, dass die Beweislage für eine strafrechtliche Verfolgung nicht ausreichend war.

Der Verein *Initiativgruppe Geschlossener Jugendwerkhof Torgau* richtete 1998 die Erinnerungs- und Begegnungsstätte am authentischen Ort ein – 2009 umbenannt in Gedenkstätte Geschlossener Jugendwerkhof Torgau. 2013 nahm der Bund die Gedenkstätte in seine institutionelle Förderung auf. Die Selbsthilfegruppe *Verbogene Seelen* und der Verein *Missbrauch in DDR-Heimen* beraten Betroffene in der Gedenkstätte Geschlossener Jugendwerkhof Torgau. Corinna Thalheim ist Vorsitzende des Vereins und Leiterin der Selbsthilfegruppe.

Gedenkstätte Geschlossener Jugendwerkhof Torgau und Verein Missbrauch in DDR-Heimen, *Fischerdörfchen 15, 04860 Torgau, www.jugendwerkhof-torgau.de. Führungen werden angeboten (mit Begleitung durch die Dauerausstellung, Zeitzeugengesprächen etc.).*

»Für mich war die DDR eine einzige Lüge«

Monika Lembke

(*1946)
kämpfte mit Gleichgesinnten
in der Gruppe *Weißer Kreis* für die Ausreise

Schon als Jugendliche hasste sie die Verteufelung des Westens in der DDR, die »ideologische Verbrämung« sowie den Leitspruch der Herrschenden: »Wenn du nicht für das System bist, bist du dagegen«.

Wie Monika Lembke glaubte auch ihr Mann Dietrich nicht an eine Verbesserung im Land. 1982 stellten sie in Jena den Ausreiseantrag – für sich und ihre beiden Kinder. Ihr sechzehnjähriger Sohn wurde daraufhin als »Landesverräter« in der Schule »schikaniert bis aufs Messer« und beging deshalb Selbstmord.

1983 initiierten Monika und Dietrich Lembke mit Mitstreitern die Gründung des Weißen Kreises *in Jena. Die Gruppe schrieb Protestbriefe an den DDR-Staats- und Parteichef Erich Honecker, bekundete öffentlich ihre Ablehnung des Zwangssystems und ihr Ausreisebegehren. Noch im selben Jahr konnten die Lembkes mit ihrem kleinen Sohn den Staat verlassen. Heute engagiert sich Monika Lembke in Leipzig für die Aufarbeitung des DDR-Unrechts.*

Was Ost und West bedeutet, weiß das Scheidungskind Monika genau. Denn der Vater lebt in der Bundesrepublik. In einer anderen Welt. Unerreichbar für sie. Pakete schickt er ihr nach Großschweidnitz im Landkreis Görlitz. Eines Tages wickelt sie eine Jeans aus dem Geschenkpapier, kann den Westen somit förmlich fühlen. Monika präsentiert das todschicke Stück ihren

Klassenkameraden – und wird sofort von der Lehrerin nach Hause geschickt.

Im selben Schuljahr erscheint eine Polizistin im Unterricht, verbietet den Neuntklässlern, den »Feindsender« RIAS (→ Glossar »Westfernsehen und Westradio«, S. 148) zu hören – schließlich ist er in Westberlin beheimatet und untersteht der United States Information Agency. Monika denkt gar nicht daran, sich diese Freude nehmen zu lassen. Mit der »freien Stimme der freien Welt« im Ohr träumt die Jugendliche davon, wie es wohl ist – auf der anderen Seite der Mauer (→ Glossar, S. 143 f.).

Die Mauer setzen ihre Lehrer extra als mündliches Prüfungsthema für Monika an; führen die Tochter eines Mannes aus dem Feindesland somit auf ideologisches Glatteis. »Wartet nur, euch zeige ich, was eine Harke ist«, denkt sich die Zehntklässlerin, führt in epischer Breite aus, die Mauer sichere den Frieden, weil sie die DDR-Bürger schütze vor den Widersachern im Westen. »Insgeheim wusste ich natürlich, dass das gelogen war«, betont Monika Lembke im Interview für das vorliegende Buch: »Für mich war die DDR eine einzige Lüge.«

Die gebürtige Oberlausitzerin studierte Baustofftechnologie, arbeitete später als Gruppenleiterin im Volkseigenen Betrieb (VEB) Carl Zeiss Jena. Damals überlegte sie: »Man kann vielleicht noch etwas ändern im System. Man darf sich eben nicht alles gefallen lassen.« Schnell musste sie erfahren: »Wenn man das tat, bekam man nichts als Schwierigkeiten.«

Ebenso wie sie dachte auch ihr Mann Dietrich. In Jena kamen sie mit Ausreiseantragstellern in Kontakt, debattierten jeden Sonntag im Uni-Turm mit ihnen über Politik. »Wir waren die Bohème von Jena«, erinnert sich Monika Lembke lachend. In dieser Zeit reifte der Entschluss der Lembkes, aus ihrer Heimat wegzugehen. 1982 stellten die Eheleute den Antrag auf ständige Ausreise und Entlassung aus der DDR-Staatsbürgerschaft – für sich und ihre Jungen. Wie andere Ausreisewillige auch beriefen sie sich dabei auf die 1975 von der DDR unterzeichnete Schlussakte der Konferenz über Sicherheit und Zusammenarbeit in Europa (KSZE) von Helsinki, die das Recht auf Freizügigkeit anerkannte. Trotzdem ließ die DDR weiterhin nur Rentner und Invaliden ziehen. Bereits einen Ausreiseantrag zu stellen, galt – da die Rechtsgrundlage in der DDR fehlte – als illegal und konnte mit Haftstrafen geahndet werden, was auch häufig geschah (→ Glossar »Justiz«, S. 142 f.).

»Uns war schon bewusst, dass wir eingesperrt werden könnten«, verdeutlicht Monika Lembke 2019: »Aber wie das ist, konnten wir uns nicht ausmalen. So weit ging die Vorstellungskraft nicht.«

Auf einen Ausreiseantrag folgte in der Regel die Kündigung: Monika Lembke musste den VEB Carl Zeiss Jena verlassen, ihr Mann verlor seinen Job als wissenschaftlicher Assistent an der Friedrich-Schiller-Universität Jena.

Was dann folgte, war das »Allerschlimmste« für die Familie. Mit gedämpfter Stimme sagt Monika Lembke im Interview: »Die Tragik unserer Geschichte ist, was unserem Sohn widerfahren ist.«

In Jena besucht Ingo die Erweiterte Oberschule (EOS), die dem heutigen Gymnasium entspricht. In diese zugangsbeschränkte Spezialschule für Naturwissenschaften wurde der Junge aufgrund seiner überzeugenden Leistungen aufgenommen – das haben seine Eltern bei den zuständigen Entscheidungsträgern durchgesetzt. Sein Klassenlehrer ist nicht nur ein »strammer Genosse«, sondern auch ein »furchtbarer Choleriker«. Weil Ingo ein guter Schüler ist, kommt er mit dem Mann klar – bis zum Tag der Ausreiseantragstellung. Der Lehrer nennt den Elftklässler »Klassenspalter«. Zwingt ihn dazu, im Unterricht die »wunderschöne DDR« zu rühmen, den »stinkenden Westen« zu geißeln, wie seine Mutter im Interview beklagt.

Als Ingos Personalausweis nicht mehr auffindbar ist, gehen seine Eltern mit ihm zur Polizei. Dort bekommt der Sechzehnjährige einen PM 12 – den mit einem Stigma behafteten Behelfsausweis für Haftentlassene, politische Gegner und Ausreiser. Die Eltern beschweren sich damals; vergebens. »Wir können auch anders«, kriegen sie von den Polizisten zu hören. »Man musste das alles so hinnehmen und stand da wie ein Depp«, echauffiert sich Monika Lembke noch heute.

Bei einer Klassenfahrt in die Tschechoslowakische Sozialistische Republik (→ Glossar, S. 147) muss Ingo den ganzen Tag vor der Grenze warten – bis seine Mitschüler wiederkommen. Denn mit dem PM 12 darf er nicht einreisen. Er spielt damals Gitarre in einer Band. Nach den Treffen mit den Musikern ist er immer ganz durcheinander, kündigt trotzig an: »Ich gehe nicht mit in den Westen, ich bleibe hier.« Dann will er wieder raus aus der DDR, alles hinter sich lassen. Im Interview denkt seine Mutter zurück an den Tag, »an dem er das alles nicht mehr ausgehalten hat«, senkt ihre Stimme, fasst ihre Trauer in Worte: »Dass er sich das Leben genommen hat, ist und bleibt ein Drama.«

Nach Ingos Freitod fand die Mutter in einer Kiste Briefe von einem Mädchen. Diese vermeintliche Freundin gestand ihm ihre Zuneigung, gab ihm dann wieder den Laufpass. »Kein Wunder, dass er völlig durch den Wind war«, empört sich Monika Lembke. »Ich wette heute 1:100, dass sie von der Stasi als Spitzel (→ Glossar »Inoffizieller Mitarbeiter (IM) des Ministeriums für Staatssicherheit (MfS)«, S. 142) zu ihm geschickt wurde.«

Jahre später stellte Monika Lembke einen Forschungsantrag bei dem Bundesbeauftragten für die Unterlagen des Staatssicherheitsdienstes der ehemaligen DDR (BStU). Das Ergebnis: Das Ministerium für Staatssicherheit überprüfte automatisch Schüler, deren Eltern einen Ausreiseantrag gestellt hatten. Dem MfS arbeitete der Direktor der Schule, die Ingo besucht hatte, dabei zu und rekrutierte Schüler und Lehrer als Spitzel. »Der Lehrer hat sich fleißig daran beteiligt, unseren Sohn zu zersetzen«, prangert Monika Lembke an. MfS-Zersetzungsmaßnahmen zielten beispielsweise darauf ab, missliebige Personen einzuschüchtern, zu manipulieren und zu isolieren. Nach der Wende wurde der Direktor gefeuert. Eine Frage treibt Monika Lembke noch heute um: Wie ging der regimehörige Mann im Detail vor gegen die zu Staatsfeinden erklärten Schüler? Sie stellte 2019 einen zweiten Forschungsantrag bei der BStU-Außenstelle Leipzig, das Ergebnis steht noch aus.

Wenige Wochen nach Ingos Suizid zitiert die Stasi die Eltern zum Verhör. »Sie sind doch selbst schuld. Warum haben Sie denn einen Ausreiseantrag gestellt? Ist doch klar, dass Ihr Sohn sich jetzt umgebracht hat«, wirft ihnen ein Stasimann an den Kopf. Die Lembkes sind so fassungslos, dass sie nichts darauf entgegnen.

Dann muss Monika Lembke auch noch zum Amt für Arbeit; ein Angestellter attackiert sie: »Hätten Sie mal nicht den Ausreiseantrag gestellt.« Mit schneidender Stimme prophezeit er ihr: »Sie sind weder kriminell noch asozial, Sie werden wieder eingegliedert. Denn aus der DDR kommen Sie sowieso nicht raus. Sie kommen nie raus.« Im Interview wiederholt sie den Satz, dehnt dabei jedes »i«. Diese Worte arbeiten in ihr; unaufhörlich.

Beim Pfingsttreffen 1983 mit anderen Ausreiseantragstellern verkündet Monika Lembke: »Wenn wir nicht rauskommen, dann stellen wir uns eben auf den Markt.« So entsteht die Idee zur Gründung des *Weißen Kreises* in Jena. Jeden Samstag im Juni und Juli treffen sich die Mitglieder auf dem zentral gelegenen Platz der Kosmonauten – observiert und fotografiert von der Stasi. Auf einigen weißen T-Shirts prangt die Aufschrift »JA – Jenaer Ausreisegemeinschaft«. Sie fassen sich an den Händen, bilden schweigend einen Kreis. Im Kampf gegen den Staat begreifen sie sich als die entscheidende Kraft. Anders beurteilen das jene, die bleiben wollen – um zu streiten für eine andere, bessere DDR. »Ausreiseantragsteller kapitulieren«, das bekommt Monika Lembke damals von ihnen zu hören. Sie kontert: »Die DDR ist nicht reformierbar.«

Beim ersten Samstagstermin kommen fünfzehn Mitglieder des *Weißen Kreises* in Jena zusammen; Monika ist nicht dabei, sondern daheim bei ihrem fünfjährigen Kind. »Mein Mann war vor Ort, und ich hatte schreckliche Angst, dass etwas passiert«, entsinnt sie sich heute. Die Demonstranten legen eine Wanderkarte auf den Boden. Falls die Polizei kommt, wollen sie behaupten: »Wir treffen uns hier, um gemeinsam wandern zu gehen.«

Danach gehen sie zu den Lembkes nach Hause. Immer wieder klingelt es an der Tür. Jedes Mal schrecken sie auf, fragen sich: »Will uns jemand verhaften?« Sie verabreden, dass künftig jeder einen oder mehrere Ausreiseantragsteller aus seinem Bekanntenkreis mitbringt; folglich zieht der *Weiße Kreis* immer mehr Gleichgesinnte an. Am dritten Samstag muss Dietrich Lembke den Polizisten seine Papiere zeigen – dann fordern sie: »Lösen Sie die Zusammenkunft auf.«

Wie andere Ausreiseantragsteller auch kontaktierten die Teilnehmer des Jenaer *Weißen Kreises* die UNO. Sie baten den damaligen UN-Generalsekretär Javier Pérez de Cuéllar, mit Erich Honecker die Situation der Ausreisewilligen zu besprechen. Der Brief kam nicht an, wie Monika Lembke heute weiß.

Durch diese Aktion knüpfte der *Weiße Kreis* in Jena aber Kontakt zur Ständigen Vertretung der Bundesrepublik in Ostberlin (→ Glossar »Grundlagenvertrag«, S. 139 f.). Dort empfahl man den Mitgliedern, sich an die ARD zu wenden. Bei dem TV-Sender stießen sie auf offene Ohren; in der Folge filmten Journalisten die Demonstration des *Weißen Kreises* in Jena – versteckt hinter einer Hecke. Durch den ARD-Bericht erfuhren Ausreisewillige in anderen DDR-Städten davon, reisten nach Jena. 180 Leute versammelten sich beim sechsten Samstagstermin im Juli 1983 auf dem Platz der Kosmonauten. Gegen einige wurden Ermittlungsverfahren eingeleitet. Auf Befehl von oben musste schließlich die Bezirksverwaltung Gera die laufenden Ermittlungsverfahren einstellen und die meisten Akteure des *Weißen Kreises* in die Bundesrepublik entlassen. Grund war der Bekanntheitsgrad des *Weißen Kreises* in der DDR und in der Bundesrepublik.

Über den Buschfunk erfahren die Lembkes, dass zwei Mitstreiter ihre Ausreisegenehmigung bereits haben. Dietrich Lembke ruft in der Abteilung Innere Angelegenheiten im Rat des Kreises Jena an und kriegt die Weisung: »Verhalten Sie sich ruhig, Sie hören von uns.« Das Warten ist für die Eheleute »der absolute Terror«. Schließlich finden sie im Briefkasten die Aufforderung, sich in der Abteilung Innere Angelegenheiten im Rat des Kreises einzufinden – zur Klärung eines Sachverhalts (→ Glossar, S. 143). Monika Lembke denkt heute noch zurück an den verqualmten Raum mit den hohen Aktenbergen. Ein Verantwortlicher herrscht sie an: »Keine konspirativen Treffen mehr, kein Protest mehr auf dem Platz der Kosmonauten, dann kriegen Sie die Ausreise.« Dietrich Lembke antwortet: »Das können Sie haben.«

Die Genehmigung des schriftlich gestellten Ausreiseantrags setzt in der DDR ein umständliches amtliches Prozedere in Gang: Der Ausreisewillige erhält im Rat des Kreises einen offiziellen Antrag auf Entlassung aus der Staatsbürgerschaft. In diesem Formular muss der Ausreisewunsch noch einmal begründet werden – auf keinen Fall staatskritisch, sondern am besten familiär. Das ist bei Monika Lembke möglich, da ihr Vater in der Bundesrepublik wohnt. So wird aus der Ausreise der Lembkes im August 1983 ein Fall von Familienzusammenführung – nach dem Motto: »Seht her, wir sind ja so sozial«, spöttelt Monika Lembke in gekünsteltem Tonfall.

Ausgehend vom *Weißen Kreis* in Jena, bilden sich *Weiße Kreise* in anderen Städten. Der *Weiße Kreis* in Jena existiert bis Anfang 1984; als Jenaer Bürger später eine Nachfolgegruppe organisieren wollen, funkt die Stasi dazwischen. Monika Lembke verdeutlicht im Interview: »Für die war die Farbe Weiß jetzt ein rotes Tuch.«

Im Westen fühlte sich Monika Lembke endlich frei – 23 Jahre lang, bis sie mit Mann und Sohn von Aachen erst nach Erfurt und dann nach Leipzig zog. Wenn sie dort ihre schlimmen Diktatur-Erfahrungen beschrieb, reagierten ihre Gesprächspartner »ganz komisch, weil *sie* nicht in den Westen gegangen sind, sondern alles ertragen haben, bis die Wende kam«, mutmaßt sie. In Leipzig suchte sie neue Freundinnen – in die erste Zeitungsanzeige setzte sie den Zusatz »Keine DDR-Nostalgie«, in die zweite »Keine DDR-Lobgesänge«. Dennoch meldeten sich Frauen, die lamentierten: »Damals war alles gut, heute ist alles schlecht.« Zornig erhebt Monika Lembke die Stimme und faucht: »Wenn ich das höre, sträubt sich mir das Gefieder. Da kriege ich einen Brechreiz.«

Was sie hingegen freut, ist das rege Interesse junger Leipziger an der DDR-Geschichte; sie realistisch zu beurteilen und aufzuarbeiten – das ist Monika Lembkes Credo: »Man darf nicht vergessen, was geschehen ist, dafür war es zu schlimm.« Bei ihrem ersten Auftritt 2018 in einem Gymnasium ist sie aufgeregt. »Frau Lembke wird euch sicherlich etwas anderes erzählen, als euch eure Eltern erzählt haben«, so stellt die Geschichtslehrerin die Zeitzeugin im Auditorium vor. Monika Lembke erläutert dazu im Interview: »Diese Eltern haben ihr Geschichtsbild aus der DDR mitgenommen. Und die, die eifrige Genossen waren oder Spitzel, was wollen die denn heute ihren Kindern sagen?« Die Themen Diktatur, Demokratie und Freiheit beschäftigen die Jugendlichen. Die 73-Jährige führt aus: »Von den Leuten, die vierzig Jahre lang in einer Diktatur gelebt haben, vierzig Jahre lang ideologisch infiltriert wurden, gibt es eben manche, die vierzig Jahre oder länger brauchen, um zu verstehen, wie ein freies Leben geht.«

Ausreise im Jahre 1983

Die Madrider Nachfolgekonferenz (1980–1983) der Konferenz über Sicherheit und Zusammenarbeit in Europa (KSZE) von Helsinki (1973–1975) verpflichtete die Teilnehmer – darunter auch die DDR – zur Förderung der »Ausübung der Menschenrechte und Grundfreiheiten«. Infolgedessen sah sich die Sozialistische Einheitspartei Deutschlands 1983 gezwungen, eine förmliche Regelung zu veröffentlichen, die ein Antragsrecht auf Ausreise enthielt – unter bestimmten Bedingungen wie beispielsweise Familienzusammenführung; wer diese nicht erfüllte, handelte aus Sicht der Behörden rechtswidrig.

Laut Statistik des Ministeriums für Staatssicherheit stieg die Zahl der Antragsteller von 30.400 (1983) auf 50.600 (1984).

Gegenüber den Ausreisewilligen geriet die SED in ein Dilemma: Ließ sie diese Menschen ohne große Behinderung ziehen, würden weitere Personen ebenfalls zur Übersiedlung animiert; untersagte sie aber die Ausreise, würden ihr internationales Ansehen Schaden nehmen und das Protestpotenzial im Land anschwellen. Die Partei beschritt einen Mittelweg; diskriminierte Antragsteller, um mögliche Nachahmer abzuschrecken, gewährte aber gleichzeitig eine kontrollierte und begrenzte Übersiedlung.

»Heute wird die Diktatur oft verharmlost«

Kai Feller
(*1971)
erhielt Abiturverbot –
wegen öffentlicher Regimekritik in der Schule

Meinungsfreiheit garantierte die DDR-Verfassung (→ Glossar »Justiz«, S. 142f.). Doch was auf dem Papier stand, galt in der Realität nicht – das bekam Kai Feller zu spüren: Weil er an der Ostberliner Carl-von-Ossietzky-Schule Unterschriften gegen die Militärparade am DDR-Nationalfeiertag (→ Glossar »Gründung der Deutschen Demokratischen Republik (DDR)«, S. 140f.) gesammelt hatte, flog er von der Schule. Das bedeutete lebenslängliches, landesweites Abiturverbot. In die sogenannte Ossietzky-Affäre an der Erweiterten Oberschule (EOS) waren auch andere Schüler involviert – drei von ihnen wurden ebenfalls relegiert. Eine unerwartete Protestwoge schwappte über das Land. Doch erst am 9. November 1989, dem Tag des Mauerfalls (→ Glossar, S. 144), annullierte das Volksbildungsministerium die Strafen. Zu dieser Zeit besuchte der gebürtige Ostberliner bereits das Kirchliche Oberseminar Potsdam-Hermannswerder. Dort konnten Christen, die Theologie studieren wollten, das Abitur absolvieren. Kai Feller war weder Christ noch wollte er Theologie studieren. Er wollte nur eine gute Schule besuchen. Heute ist er Pastor der Evangelischen Kirchenregion Bad Doberan. Von seinem Schulrausschmiss erzählt der siebenfache Vater Jugendlichen – an seinem Erinnerungsort, der Carl-von-Ossietzky-Schule in Berlin.

Mit dicken Filzstiften beschreibt Kai sein Plakat: »Im Zentrum Berlins werden riesige Geschosse aufgefahren, todbringende Waffen zur Schau gestellt.« Er prophezeit, dass die »politische Schönwetter-Phase« von vertrauensbildenden Maßnahmen und gemeinsamer Sicherheit vielleicht historisch werden kann. Dem »internationalen Ansehen der DDR und dem gesamten Friedensprozess würde ein Verzicht auf die Militärparade am 7. Oktober guttun.«

Im September fertigt der damals Sechzehnjährige seinen Text an, abends, in seiner Wohnung. Am nächsten Morgen hängt der Elftklässler sein Plakat in der Carl-von-Ossietzky-Schule auf.

Natürlich habe er nicht damit gerechnet, dass die Militärparade aufgrund seines Protests abgeblasen werde, erläutert Kai Feller dreißig Jahre später im Interview für das vorliegende Buch. »Aber ich wollte, dass es auf jeden Fall eine Diskussion darüber gibt.«

Die Eltern hatten ihm zwar beigebracht, was er in der Schule sagen durfte und was nicht. Aber Kai will jetzt nicht mehr schweigen. Ihn stört der Militarismus in der Gesellschaft (→ Glossar, S. 144), besonders an den Schulen. Er wohnt in der Nähe eines Güterbahnhofs, hört, wie nachts Panzer und Raketenwerfer verladen werden. Feller erinnert sich: »Das Rasseln der Panzerketten auf dem Kopfsteinpflaster hat mir schon als Kind Angst gemacht.«

Kai besuchte damals erst seit wenigen Tagen die Carl-von-Ossietzky-Schule, eine Erweiterte Oberschule in Ostberlin. Der Staat beschränkte die Zulassung an die EOS. Kai war aufgenommen worden, weil er zuvor die Russischklasse der Ostberliner Wilhelm-Pieck-Schule besucht hatte. »Ihr seid die künftigen Führungskräfte«, hieß es sinngemäß bei der Aufnahme an die Carl-von-Ossietzky-Schule. Anpassung, Disziplin und Linientreue wurden von den Schülern erwartet. Dennoch gewährte die Carl-von-Ossietzky-Schule einen Freiraum für Meinungsäußerungen – mit ihrer staatlich genehmigten Speakers' Corner. »Die dachten vielleicht, an dieser Pinnwand im Foyer könnten sich die Schüler über die dreckigen Klos aufregen«, erklärt Feller: »Aber mit einer Fundamentalkritik haben sie nicht gerechnet.« Wer gegen die Militarisierung rebellierte, musste sich von den Oberen fragen lassen, ob er gegen den Frieden sei. Denn die Losung in der DDR lautete: »Der Frieden muss bewaffnet sein.«

Mit seiner Verbalattacke gegen die Militärparade trifft Kai die Herrschenden ins Mark. Auf sein Plakat, neben den Pfeil mit der Aufschrift »Eure Meinung?« kritzeln Gleichgesinnte ihre Signaturen und Kommentare. Insgesamt kommen aus der Schüler- und Lehrerschaft sowohl positive als auch negative Reaktionen.

Kai will weitere Anhänger zusammentrommeln, läuft mit einer Abschrift seines Artikels durchs Schulhaus und sammelt Unterschriften. »Euer Nachwuchs ist nicht damit einverstanden, was ihr da auffahren lasst«, das will er den Mächtigen unter die Nase reiben.

38 Schülerinnen und Schüler bekunden öffentlich ihre Kritik an der Militärparade. Auf seiner Seite sind noch mehr, davon ist Feller überzeugt: »Das ist ja das Normale in einer Diktatur, dass die meisten nicht sagen, was sie denken.« Ein Viertel der Schülerschaft gibt ihm seine Unterschrift, zeigt sich mutig: »Jeder wusste, dass er das für seine ganze Karriere nicht mehr vergessen machen kann.«

Obwohl es in der DDR verboten war, Unterschriften zu sammeln, duldet der Direktor die Aktion zunächst stillschweigend. Doch nach einer Woche kommt er aufgebracht ins Klassenzimmer und wirft dem Initiator vor: »Sie lassen die Schüler ins offene Messer rennen!« Eine Mitschülerin meint daraufhin: »Ist Ihnen klar, was Sie da eben gesagt haben? Wer zückt denn das Messer?«

Der Schulleiter will die Liste einziehen. Doch unbegründet ist seine Angst, dass sie bei den Westmedien (→ Glossar

»Westfernsehen und Westradio«, S. 148) landen könnte. »Das wäre natürlich peinlich für die DDR gewesen, dass der Nachwuchs die Militärparade ablehnt; sie war ja das Herzstück ihrer Machtdemonstration, sozusagen eine religiöse Zeremonie«, legt Feller im Interview dar. Und er wiederholt seine an den Direktor gerichtete Bedingung: »Sie kriegen die Liste und niemandem entstehen daraus Nachteile.« Der Mann gibt sein Versprechen – und hält es nicht.

Der Direktor, Mitglied der Pankower Kreisleitung der Sozialistischen Einheitspartei Deutschlands, schickte seine Fallmeldung an die zuständige Stadtbezirksschulrätin. Zugleich ging das Papier an andere Stellen und landete auf dem Schreibtisch der Volksbildungsministerin Margot Honecker. Auch die zuständige Kreisdienststelle des Ministeriums für Staatssicherheit erhielt Kenntnis davon. Die Stasi hatte bereits einige Schüler verfolgt – wegen aufwieglerischer Aktionen. Jetzt schleuste das MfS eine Inoffizielle Mitarbeiterin (→ Glossar, S. 142) in die Schule ein; sie gab die revoltierenden Texte weiter und spionierte die Lehrer aus.

Dreißig Jugendliche zogen ihre Unterschrift auf Kais Liste zurück – zuvor waren ihre Eltern zu Gesprächen einzeln in die Schule beordert worden. Acht blieben standhaft. In einem Verhör boten der Direktor und andere Verantwortliche Kai die Möglichkeit, seine Meinung öffentlich zu revidieren. Feller wiederholt im Interview seinen Vorsatz von damals: »Einzuknicken kam für mich nicht infrage.«

Die Freie Deutsche Jugend (→ Glossar, S. 137 f.) will Kai und die anderen Unruhestifter aus ihren Reihen verbannen. In den jeweiligen Klassen finden Abstimmungen über den Ausschluss aus der SED-Jugendorganisation statt. Der Direktor mahnt dabei die »Staatstreue« der Lernenden an und droht: »Wenn ihr euch gegenüber diesen Feinden nicht eindeutig positioniert, gebt ihr zu erkennen, dass ihr dazugehört.« Feller entsinnt sich: »Das

Schlimmste war, dass Schüler gegen Schüler in Stellung gebracht wurden. Das tat sehr weh.«

Siebzehn sind für seinen Ausschluss, drei stimmen dagegen bzw. enthalten sich. Kai und zwei Mitschüler gehören nun nicht mehr zur FDJ. Feller gibt im Interview wieder, was die Betroffenen durch einen Informanten bereits wussten: »Der Ausschluss aus der Staatsjugend ist nur die Vorbereitung des Schulrausschmisses.«

Zwei Tage später ist es so weit: In der Aula muss sich die gesamte Schülerschaft versammeln. Hufeisenförmig, nach Klassen geordnet. Mit monotoner Stimme verliest der Direktor die Anklagepunkte – darunter »pazifistische Plattformbildung« und »staatsfeindliche Aktivitäten«. Kai, zwei Mitschüler und eine Mitschülerin sind ab sofort beurlaubt, müssen die Schule verlassen, bekommen Hausverbot und die verbleibenden Schüler Kontaktverbot zu ihnen. Denn das Volksbildungsministerium unterstellt ihnen das Ziel, »durch Verbreiten gegnerischer Auffassungen eine Opposition zum Staat und zu seinen Beschlüssen innerhalb der Schülerschaft der EOS zu formieren«.

Dreißig Jahre später ruft sich sich Feller die »beklemmende Atmosphäre bei dem Schauprozess« ins Gedächtnis. Und die »Totenstille«. »Die Schüler standen unter Schock. Und das war beabsichtigt. Man wollte Ruhe in den Laden bringen.«

Dennoch regt sich damals auch Widerstand: Einige setzen sich auf den Boden. Eine Schülerin bekennt weinend, sie schäme sich, für den FDJ-Ausschluss gestimmt zu haben. Das, was daraus gemacht wird, habe sie nicht gewollt. Schulkameradinnen und Schulkameraden unterstützen sie mit Applaus.

Kai möchte sich zu den Vorwürfen äußern, doch zwei FDJler führen ihn ab. Im Treppenhaus beschimpft er die Parteisekretärin: »Ihr werdet noch sehen, was ihr davon habt mit eurem Staat.«

Nachdenklich lässt der Endvierziger heute seine Gedanken von einst Revue passieren: »Das klingt vielleicht naiv. Ich habe mit einem Konflikt gerechnet, aber nicht mit dem Schulrauswurf. Somit war ich auf dem Abstellgleis gelandet.«

Nicht in jedem Fall griffen die Verantwortlichen mit gleicher Härte durch: Zwei missliebige Jugendliche wurden lediglich an eine andere EOS verwiesen und zwei erhielten Verweise. »Durch das unterschiedliche Strafmaß haben sie versucht, unseren Zusammenhalt untereinander zu zerstören, aber das hat nicht funktioniert«, betont Feller im Interview.

Die Schulordnung legte fest, dass der EOS-Ausschluss durch das Ministerium für Volksbildung bestätigt werden musste. Die Ministerin Margot Honecker war »unmittelbar involviert«, bekräftigt Feller im Interview: »Es gibt einen Zettel, auf dem mit ihrer Handschrift unsere Namen geschrieben sind.«

Kai und die anderen Akteure dürfen nun im ganzen Land kein Abitur mehr ablegen, nicht einmal an einer Volkshochschule. Der überwiegende Teil der Lehrer- und der Schülerschaft an der Carl-von-Ossietzky-Schule steht nicht hinter den Urteilen. Bei anderen Schulrelegationen aus politischen Gründen in den Achtzigerjahren hatten nur wenige Menschen revoltiert. Landesweite Proteste hatten diese Strafaktionen niemals ausgelöst. Anders bei der Ossietzky-Affäre, denn 1988 ist die Gesellschaftskrise weit fortgeschritten. Kirchen und regimekritische Gruppen treten für die Abgestraften ein, empören sich darüber, dass der Staat seine Macht missbraucht habe, um Diskussionen über Missstände in der DDR zu unterdrücken.

Damit nicht genug: »Die Ossietzky-Affäre hat auch staatsnahen Leuten die Augen geöffnet«, unterstreicht Feller: »Sie fanden es unverhältnismäßig, dass für Meinungsäußerungen das Abiturverbot steht.« Die Linientreuen schreiben an die Gemaßregelten, aber auch an Margot Honecker. Und von Gleichgesinnten bekommen die jungen Leute zu hören: »Wir haben Respekt vor eurem Mut.«

Kai wohnt damals alleine in Ostberlin. Sein Vater starb, als Kai vierzehn Jahre alt war, seine Mutter kam im Sommer 1988 von einem Verwandtenbesuch in der Bundesrepublik nicht mehr zurück – mit Kai hatte sie das vorher abgesprochen.

Nachdem sie von dem Schulrauswurf erfährt, wendet sie sich in Westberlin an öffentliche Stellen. Dort kriegt sie zu hören: »Wenn Ihr Sohn rüberkommen will und es Probleme dabei gibt, können wir was machen. Aber in das Schulrecht der DDR können wir nicht eingreifen.« In den Westen gehen will Kai vorerst nicht.

Sorgeberechtigt ist seine Oma in Ostberlin. Sie wird ins Rathaus zitiert. Man will ihr nachweisen, dass sie Kai nicht im Griff hat. Wenn nämlich die Familie und die Schule mit systemkritischen Jugendlichen überfordert sind, kann eine Einweisung in einen für sein hartes Strafsystem berüchtigten Jugendwerkhof erfolgen. Als Alternative sieht die Stasi vor, den Minderjährigen zu seiner Mutter in den Westen zu lassen und die Ausreise für die weitere Propaganda zu nutzen – nach dem Motto: »Der wollte doch sowieso nur in den Westen.« Das geht aus den Stasiunterlagen hervor. Die Pläne werden allerdings fallen gelassen, weil die Oma keinerlei Schwäche zu erkennen gibt. »Sie hat sich die Butter nicht vom Brot nehmen lassen«, daran denkt ihr Enkel stolz zurück.

25 Jahre nach der Relegation traf Feller bei einer Veranstaltung der *Deutschen Gesellschaft e. V.* in Berlin auf Carsten Krenz, der eine Parallelklasse an der Carl-von-Ossietzky-Schule besucht hatte. Der Sohn des damals zweitmächtigsten Mannes im Staat Egon Krenz hatte einen aufrührerischen Artikel aus dem Schulhaus entfernt und mit nach Hause genommen. Nun beteuerte er, das sei dahcim kein Thema gewesen. »Das hat ihm natürlich keiner im Saal geglaubt«, so Feller im Interview. »Und damals hat er ja auch keinen Hehl daraus gemacht, was er von unseren Aktionen hielt.«

An die Carl-von-Ossietzky-Schule kehrte Feller gelegentlich als Zeitzeuge zurück – beispielsweise 2018. Zum dreißigsten

Jahrestag der Ossietzky-Affäre setzten Schülerinnen und Schüler die damaligen Geschehnisse in Szene. Und im Unterricht stellten sie Feller die Frage, ob er alles noch einmal so machen würde, wenn er in der Situation wäre. Im Interview sagt er seine Antwort noch einmal: »Wenn ich nicht wüsste, dass die Mauer (→ Glossar, S. 143 f.) fällt, dann würde ich mir wegen so einer Unterschriftenaktion nicht die ganze berufliche Zukunft verbauen. Wenn ich es aber wüsste, dann würde ich noch viel mehr machen.«

Um den Schulrauswurf 1988 geht es auch in der Podiumsdiskussion an der Carl-von-Ossietzky-Schule, anlässlich des dreißigsten Jahrestags der Ereignisse. Sie findet in der Aula statt – am einstigen Ort des Tribunals. Mit dabei: die Relegierten und der ehemalige Bundestagspräsident Wolfgang Thierse. Jemand im Publikum meint, heute könne man auch Ärger mit dem Arbeitgeber bekommen, wenn man seine Meinung sage. Wolfgang Thierse kontert scharf: »Ja, dann bekommen Sie eben Ärger, aber Sie haben Rechte und sind nicht der Willkür ausgeliefert. Wir leben in einem freien Land.« Im Interview für dieses Buch ergänzt Feller: »Heute wird die Diktatur oft verharmlost. Unsere Demokratie ist gewiss nicht vollkommen; aber es gibt Grundrechte, eine Gewaltenteilung und freie Medien. Und das ist der Unterschied zum totalitären System der DDR.«

Die Folgen der Ossietzky-Affäre in Ostberlin

Unruhe herrschte nach dem Fanal an der EOS: Eltern erhoben Einspruch gegen die Entscheidungen, Schüler machten ihrem Ärger auf dem Schulhof Luft. Am Schulgebäude prangte in gemalten Lettern die Aufforderung »Weiterfragen!!« und an der Eingangstür ein Fragezeichen.

Wer von den Lehrern an der Carl-von-Ossietzky-Schule die Maßregelungen missbilligte, sprach nicht darüber – aus Angst vor Repressalien. Die Stasi untersagte den Pädagogen den Kontakt zu den Relegierten. Erst als ein Jahr später das Regime in sich zusammenbrach, traten die meisten für eine Rehabilitierung der Bestraften ein.

Als daran noch nicht zu denken war, unterstützten dreißig Gruppen Oppositioneller einen DDR-weiten Aufruf zur Reform des Bildungswesens. Bekannte Schriftsteller und Repräsentanten der Evangelischen Kirche setzten sich für die jungen Menschen ein. Die Partei wollte das Aufbegehren im Zaum halten und ließ die Protestveranstaltungen von der Stasi observieren.

Westmedien berichteten über die Abstrafung der Minderjährigen; Lehrer von Westberliner Schulen schrieben an die DDR-Regierung.

Im Zeitraum von November 1989 bis Mai 1990 ermittelte eine öffentliche Untersuchungskommission Verstöße gegen elf geltende Gesetze und Bestimmungen. Und Eltern betroffener Schüler stellten Strafanzeige gegen Unbekannt.

Schuldige wurden belangt und teilweise fristlos entlassen. Im Januar 1990 lehnten es Schüler ab, an der Carl-von-Ossietzky-Schule ihr Abitur zu machen, da der Direktor immer noch auf seinem Stuhl saß. Erst zwei Monate später trat er von seinem Posten zurück.

»Wir haben in Grenzen gedacht und wollten im Land etwas verändern«

Evelyn Zupke
(*1962)
entlarvte mit ihren Weggefährten
im *Weißenseer Friedenskreis* 1989 den Wahlbetrug

»Scheißtheater« nannte Evelyn Zupke die Wahlen (→ Glossar, S. 147) in der DDR, denn die Sozialistische Einheitspartei Deutschlands nötigte die Bürger, für ihre Einheitsliste zu votieren. Anschließend verkündete die SED geschönte 99-Prozent-Mehrheiten für ihren Kurs.

Evelyn Zupke und ihre Freunde im Weißenseer Friedenskreis *in Ostberlin kamen als Erste auf die Idee, den Lug und Trug bei der Kommunalwahl 1989 zu enthüllen – durch eine flächendeckende Auszählung; das war neu in der DDR. Gruppen in anderen Städten beteiligten sich an der Aktion.*

Im März 1990 gehörte Evelyn Zupke zur Wahlkommission beim ersten und letzten demokratischen Urnengang in der DDR (→ Glossar »Wiedervereinigung«, S. 148 f.). Als Zeitzeugin vermittelt die Wahlhamburgerin heute Jugendlichen, »dass die Demokratie ein hohes Gut ist, das es zu bewahren gilt«.

Ihren Übermut kann sie nicht zügeln – an jenem Sommertag 1983, in Binz auf Rügen. In dem Terrassencafé an der Strandpromenade legt die Kellnerin Evelyn ihre Lieblingskassette in den Rekorder, dreht den Lautstärkeregler nach oben. Dröhnende Musik quillt aus den Boxen, die aufgeschreckten Müßiggänger stieren in ihre Richtung. Eine ungehörige Ruhestörung, aber das mag noch angehen. Was weitaus schwerer wiegt: Das Lied *Sonderzug nach Pankow* ist in der DDR verboten. Denn darin lästert Udo Lindenberg lässig über Erich Honecker – den »Oberindianer« und »Rocker«. Einige der Umstehenden verziehen die Miene verächtlich, schütteln den Kopf, andere grinsen und nicken der jungen Frau verschwörerisch zu. Diese Verspottung des DDR-Staatsratsvorsitzenden stößt Evelyns Vorgesetztem sauer auf. Sie kassiert nicht nur einen ordentlichen Anpfiff, sondern muss einmalig auf zwanzig Prozent ihres Lohnes verzichten.

35 Jahre später erzählt Evelyn Zupke diese Episode regelmäßig in Schulen und provoziert damit erst Gelächter und dann Erstaunen darüber, welche drakonische Strafe ihr der Chef für diesen Streich aufgebrummt hat.

Neben ihrer Tätigkeit als Sozialarbeiterin engagiert sie sich seit Jahren als Zeitzeugin – hauptsächlich in den alten Bundesländern, im Umkreis ihres Wohnortes Hamburg. Sie will den SED-Staat und seine Verwerfungen sichtbar machen – für die heutige Generation. Im Interview für das vorliegende Buch erläutert die 57-Jährige: »Ich verknüpfe meine Biografie mit Entwicklungen in der DDR, so wird Geschichte spannend.«

Evelyn wächst auf Rügen auf. Ihre alleinerziehende Mutter möchte, dass sie sehr gute Noten schreibt und sich anpasst. Lieb ist. Nett. Und artig. Widerstand regt sich in ihrem Inneren erst im Jugendalter. Eines Tages nimmt sie in die Schule eine Plastiktüte mit; darauf prangt dick und kunterbunt das Logo einer Firma aus dem Westen, also aus dem Feindesland der DDR. Weil sie eine »Provokateurin« ist, wie sie selbst über sich sagt, stellt sie die Westwerbung ungeniert zur Schau – im Gegensatz zu ihren Schulkameraden, die die Innenseite des Beutels nach außen drehen. Die freche Fünfzehnjährige muss beim Direktor antanzen und kriegt einen »Anschiss«. »Was? Wegen einer Tüte?« Die Schülerinnen und Schüler schauen sie immer mit großen Augen an, wenn sie das heute bei ihren Zeitzeugenveranstaltungen zum Besten gibt.

Damals verteidigt sie gemeinsam mit einer Freundin einen missliebigen Mitschüler vor der Lehrerschaft – während der Rest der Klasse schweigt. »Zum Studium ungeeignet«, steht in ihrer Akte.

Nach dem Abitur heuert sie als Kellnerin auf Rügen an, beim Feriendienst des Freien Deutschen Gewerkschaftsbundes (FDGB) (→ Glossar, S. 138).

Rund vierzig Jahre später fragen sie ihre jungen Zuhörer: »Wollten Sie denn niemals in den Westen?« Kämpferisch entgegnet sie: »Nein, ich wollte es dem Staat zeigen.« Oft wollen die Jugendlichen von der Zeitzeugin wissen: »War die DDR ein Unrechtsstaat?« Evelyn Zupke antwortet: »Ja, die DDR war ein Unrechtsstaat. Denn es gab beispielsweise keine Meinungs-, Presse- und Wahlfreiheit.« (→ Glossar »Justiz«, S. 142 f.)

In der DDR dienten die Wahlen ausschließlich der Akklamation der SED-Allmacht. »Zettelfalten« nannte der Volksmund den Wahlakt, weil die Bürger lediglich den Stimmzettel entgegennahmen, falteten und in die Urne warfen. Die ausgegebene Einheitsliste konnten sie nur pauschal akzeptieren oder vollständig ablehnen. Bereits mit der Übergabe ihres leeren Blattes bekundeten sie ihr Ja.

Wenn sie eine Gegenstimme abgeben wollten, strichen sie die Namen sämtlicher Kandidaten durch – was vom Ministerium für Staatssicherheit registriert wurde. Die Stasi vermerkte auch, wer eine Wahlkabine aufsuchte – obwohl laut Wahlgesetz das Recht zur unbeobachteten Stimmabgabe bestand. Doch Wahlkabinenbenutzer galten als potenzielle Nein-Wähler.

Wer sich bis Mittag nicht im Wahllokal blicken ließ, musste damit rechnen, von einem Parteibeauftragten besucht und zum Votum gedrängt zu werden.

1984 verweigerte Evelyn die Wahl – gemeinsam mit ihrem Ehemann, der wie sie beim FDGB-Feriendienst arbeitete. Ihr

Vorgesetzter versuchte vergeblich, sie umzustimmen. Schikanen am Arbeitsplatz folgten; die beiden kündigten, fanden neue Jobs. Nach der Scheidung 1987 ging Evelyn mit ihrem einjährigen Sohn nach Ostberlin.

Dort suchte die Rebellin von Rügen etwas, bei dem es »ein bisschen konkreter zur Sache ging« – und fand es beim *Weißenseer Friedenskreis*: »Wir haben in Grenzen gedacht und wollten im Land etwas verändern«, unterstreicht Evelyn Zupke und fügt hinzu: »Wir wollten unter anderem darüber aufklären, wie mit kritischen Ansichten im Staat umgegangen wurde. Wir wollten die Bürger wachrütteln und ermutigen, sich zu äußern. Die Meinungsfreiheit hätte zu einer Demokratisierung führen sollen. Klar, das war eine Illusion.«

1989 kommt der *Weißenseer Friedenskreis* als Erster auf die Idee, das Falschspiel der SED bei der Kommunalwahl am 7. Mai durch eine flächendeckende Auszählung zu demaskieren – das ist ein Novum im Staat. Bei eigenen Veranstaltungen rekrutiert der fünfzehnköpfige *Weißenseer Friedenskreis* 200 Helfer. Weil sie die Adressen der Abstimmungsorte nicht kennen, durchkämmen sie den Stadtbezirk Weißensee – entdecken 66 von 67 Schildern, die auf Wahllokale hinweisen.

Die Gruppe funktioniert Evelyns Wohnung in der kirchlichen Stephanus-Stiftung zum Wahlbüro um. Auf der gegenüberliegenden Straßenseite patrouillieren MfS-Männer, fixieren die Helfer, die von dort ausschwärmen in die Wahllokale. Dort finden laut Wahlgesetz die Auszählungen öffentlich statt: Die Wahlbeobachter vom *Weißenseer Friedenskreis* notieren die Zahlen in den Wahllokalen und addieren sie anschließend in Evelyns Wohnung. Dort erscheint plötzlich der Direktor der Stephanus-Stiftung, Evelyns oberster Dienstherr. Der Pastor hatte ihr schon vorab verboten, das Wahlbüro in ihrer Bleibe, also auf dem Kirchengelände einzurichten. Nun fordert er sie und die anderen Akteure vom *Weißenseer Friedenskreis* auf zu gehen. Sie müssen ihre Arbeit an einem anderen Ort fortsetzen. »Ich frage mich heute, wieso er das machen konnte, aber es war eben so«, sagt Evelyn Zupke im Interview.

Heute erwähnt sie bei ihren Vorträgen in Schulklassen auch den Stasimann (→ Glossar »Inoffizieller Mitarbeiter (IM) des Ministeriums für Staatssicherheit (MfS), S. 142) in ihren Reihen – und reicht ein Foto herum; darauf zu sehen: Evelyn in lässigem Mantel und Sandalen, daneben ein Langhaariger im Strickpulli, ein Mädchen in kurzer Jeans und ein Typ mit adrettem Kurzhaarschnitt, der Hemd und Sportjacke trägt. »Wer von denen ist der Spitzel?«, fragt sie in die Runde. Alle tippen auf den sorgsam frisierten Mann. »Richtig«, freut sich Evelyn Zupke: »Er sieht so aus und er war es auch.«

Am 8. Mai 1989 präsentierte die SED-Tageszeitung *Neues Deutschland* die Bilanz für den Bezirk Weißensee: 42.007 gültige Voten für und 1011 gegen den Wahlvorschlag. Die Strichlisten von Evelyns Mitstreitern ergaben hingegen 25.797 gültige Jastimmen und 2261 Neinstimmen. Animiert vom *Weißenseer Friedenskreis*, hatten Andersdenkende in vielen Städten die Wahlen überwacht. Ob in Ostberlin, Dresden oder in Leipzig – überall trieben die Verantwortlichen die Zahl der Wahlbeteiligten in die Höhe und unterschlugen einen Gegenstimmenanteil von rund zehn Prozent, in Weißensee waren es sogar über fünfzig Prozent.

Der staatlich inszenierte Beschiss fand also statt – aber wo? In den Wahllokalen war ordentlich gezählt worden, das hatten die Beobachter vom *Weißenseer Friedenskreis* gesehen. Dass das am Wahlabend verkündete Gesamtergebnis von 98,85 Prozent schon vor dem 7. Mai 1989 festgestanden hatte, entdeckten Evelyn und ihre Freunde erst nach dem Mauerfall (→ Glossar, S. 144) – beim Blick in die Stasiakten: Bereits im März 1989 hatten die Ostberliner Stadtbezirke Briefe mit den zu veröffentlichenden Zahlen aus dem Bürgermeisteramt erhalten.

Der *Weißenseer Friedenskreis* publizierte einen Bericht über die Kommunalwahl 1989 sowie mit Gleichgesinnten die Dokumentation *Wahlfall 1989*. Damit nicht genug: Er forderte schriftlich von den staatlichen Stellen eine Korrektur der Resultate; vergebens. Und er erstattete Strafanzeige wegen Wahlfälschung – eine juristische Handhabe dazu bot Paragraf 211 des DDR-Strafgesetzbuchs; diese Aktion war ebenso vergebens.

Nun prangert der *Weißenseer Friedenskreis* das Täuschungsmanöver öffentlich an – in Erinnerung an den 7. Mai 1989 am 7. eines jeden Folgemonats, beginnend mit dem 7. Juni 1989. Genüsslich lässt Evelyn Zupke heute bei Schulveranstaltungen den 7. Juli 1989 Revue passieren: Der *Weißenseer Friedenskreis* und Gleichgesinnte veranstalten einen Sitzstreik – am Ostberliner Alexanderplatz, unter der Weltzeituhr. Plötzlich nähern sich Stasikerle, packen Evelyn, zerren sie zur U-Bahn-Station, schieben sie in den Zug. Kurz bevor die Türen schließen, springt sie heraus.

»Hatten Sie denn keine Angst?«, fragen sie die jungen Menschen heute bei ihren Zeitzeugengesprächen. Sie räumt dann ein: »Meine Angst kam zwar hoch, aber stärker war mein Wille, dem Staat gegenüber klare Kante zu zeigen.«

Der 7. September 1989 markiert einen weiteren Höhepunkt in ihrer Erinnerung: Die Stasi verbietet Evelyn, zum Alexanderplatz zu gehen. Doch die ausgefuchste Frau entwischt den Schergen. Mit zehn anderen vom *Weißenseer Friedenskreis* stellt sie sich auf den Rand des Springbrunnens. Die Stasimeute nähert sich. Wie verabredet springen sie und die anderen ins Wasser – und die Stasileute hinterher.

Wenn Evelyn Zupke heute in Schulen die Szene schildert, jubeln ihre jungen Zuhörer. Doch die Begeisterung weicht Entsetzen, wenn die ehemalige Regimekritikerin den Fortgang der Ereignisse rekapituliert: Es ist der dritte Protest des *Weißenseer Friedenskreises*, der von Polizei und Stasi gewaltsam aufgelöst wird; diesmal geht es besonders brutal zu: Stasimänner prügeln auf Evelyn und die anderen Widersacher ein. Im Tumult blickt sie in betroffene Gesichter der Passanten, einige haben Tränen in den Augen. Mit anderen Demonstranten wird sie abtransportiert in die Ostberliner Haftanstalt Rummelsburg. Wie bereits bei vorherigen Verhören, setzt die Stasi die 27-Jährige unter Druck: »Sie wollen doch nicht, dass Ihrem Sohn etwas passiert.« Ihre Verbündeten mit Kindern kriegen Ähnliches zu hören. Innerhalb des *Weißenseer Friedenskreises* hatten sie sich gegenseitig Vollmachten erteilt, damit die Stasi nicht auf die Kinder zugreift, falls sie selbst im Gefängnis bleiben müssen. Am nächsten Morgen wird Evelyn aus ihrer Zelle entlassen. Und rund zwei Monate später, am 9. November 1989, ist sie endlich befreit vom Zwangssystem – wie alle anderen Menschen in der DDR auch.

Ein Jahrzehnt nach dem Mauerfall brach die Erinnerung an die Stasi mit Wucht ein in ihr Leben. Damals arbeitete Evelyn Zupke in der Albert Schweitzer Stiftung nahe Berlin. Sie und eine befreundete Kollegin erfuhren von der Stasivergangenheit eines Nervenarztes der Stiftungsbewohner: Als Stasipsychiater hatte Dr. Dr. Horst Böttger im Stasi-Haftkrankenhaus in Hohenschönhausen einst Gefangenen Psychopharmaka verabreicht, sie dann ausgehorcht und die Mitschnitte an die Stasivernehmer weitergegeben. Prozesse gegen ihn hatten mit Freispruch geendet – wegen Verjährung oder aus Beweismangel.

Mit ihrem Wissen wandten sich die beiden Frauen nun an die Leitung des Wohnheims für psychisch Kranke. »Jeder hat eine zweite Chance verdient«, kriegten sie zu hören. Evelyn Zupke gab nicht klein bei, brachte die gesetzlichen Vertreter der psychisch Kranken dazu, Böttger die weitere Behandlung zu untersagen. Dennoch blieb Böttger in der Stiftung beschäftigt. Sie wurde hingegen in den Nachtdienst abkommandiert, ihre Kollegin entlassen. Im Interview resümiert Evelyn Zupke: »Davor, was dieser Mann getan hat, konnten wir beide einfach nicht die Augen verschließen.«

Ihren Augen traut Evelyn Zupke auch nicht, als kurze Zeit später ein Rechtsanwalt als gesetzlicher Vertreter eines Patienten in der Albert Schweizer Stiftung erscheint. »Den kennst du doch«, mit gellender Stimme wiederholt sie im Interview den Gedanken, der ihr damals messerscharf durch den Kopf fährt. Der Mann sieht anders aus als 1989, trägt eine blondierte Igelfrisur und einen Ohrring, doch sie hegt nicht den geringsten Zweifel: Vor ihr steht Schneider, einst Staatsanwalt. Nach ihrer Strafanzeige wegen Wahlbetrugs hatte er sie angeblafft: »Es kann nur eine Wahrheit geben, und die steht im *Neuen Deutschland*.« Nun fragt die einstige Regimegegnerin ihn: »Sind Sie nicht der Staatsanwalt Schneider aus der DDR?« Schamesröte schießt in sein Gesicht. Wortlos verlässt er ihr Büro. Seine Wahrheit von einst will er vergessen.

DDR-Scheinwahl 1989 und die Folgen

Es lag auf der Hand, dass die SED die Wahlbilanzen regelmäßig nach oben korrigierte – nur so konnte sie von 1950 bis 1986 regelmäßig mit einem 99-Prozent-Zuspruch für ihre Politik protzen. Gegen die Wahlunfreiheit im Land kämpften systemkritische Menschen seit 1950. Und in Ostberlin und Coswig wurden 1986 bei der Volkskammerwahl in einigen Wahllokalen Manipulationen ans Licht gebracht.

Für die Andersdenkenden boten die Westmedien (→ Glossar »Westfernsehen und Westradio«, S. 148) einen verlässlichen Resonanzboden – vor, während und nach der Kommunalwahl 1989. Schon vor dem Wahltag regte sich Unmut in der Bevölkerung: Wütende Menschen schickten 40.000 wahlbezogene Eingaben (→ Glossar, S. 137) an die zuständigen Staatsorgane – ein historischer Wert. Und sie schmierten Losungen wie »Wer die Wahl hat, hat die Qual, wer nicht wählt, wird gequält« an Wände oder forderten bei SED-Wahlveranstaltungen ein freies Votum.

Am 7. Mai 1989 legte die SED dem Volk die Einheitsliste vor. Und das zu einer Zeit, als in der Sowjetunion nach einer

Verfassungsänderung bei der Wahl 1989 mehrere Kandidaten zur Auswahl standen und in Polen und Ungarn Forderungen nach demokratischen Wahlen 1989 zu ersten Erfolgen führten.

Erboste Bürger schickten nach dem Wahltag nicht nur Beschwerdebriefe an die staatlichen Stellen, sie stellten auch 84 Strafanzeigen gegen Unbekannt wegen Wahlfälschung – zunächst ohne Erfolg. Erst im Dezember 1989 kam es zu ersten Ermittlungsverfahren, gefolgt von Haftstrafen.

»Die Kirche muss deutlich zu hören sein«

Almuth Berger
(*1943)
setzte sich vor und nach der Wiedervereinigung
für Ausländer ein

Schon in ihrer Kindheit kam die Theologen-Tochter mit Menschen aus fernen Ländern in Berührung. Als evangelische Pfarrerin gründete sie 1988 in der DDR das erste offene Begegnungszentrum für Aus- und Inländer: Kontakte zu Ausländern waren zwar erlaubt, aber nicht erwünscht. In den Betrieben opponierte die gebürtige Sachsen-Anhalterin gegen Diskriminierung und ungerechtfertigte Kündigungen der befristet ins Land geholten Vertragsarbeiter.

Nach dem Mauerfall (→ Glossar, S. 144) baute der Staat auf Almuth Bergers Erfahrungen: Sie regelte die Regierungsabkommen für die ausländischen Beschäftigten neu – als erste und einzige DDR-Ausländerbeauftragte. In dieser Funktion sowie als Ausländerbeauftragte Brandenburgs stritt sie an vorderster Front mit für das Bleiberecht ehemaliger Vertragsarbeiter – gegen den anfänglichen Widerstand der Bundesregierung. Auch heute kämpft die Trägerin des Bundesverdienstkreuzes weiter gegen Fremdenhass und für Flüchtlingsrechte.

Die Angst der Mosambikanerin nimmt zu. Woche für Woche. Tag für Tag. Die junge Vertragsarbeiterin will die DDR nicht verlassen. Ihr graut vor einer Rückkehr in ihr Heimatdorf. Schwanger. Ledig. Voller Scham. Sie ist im siebten Monat. Nicht mehr nützlich für die Firma. Der Verantwortliche hat sie zum Arbeiten eingestellt. Nicht zum Kinderkriegen. Das kriegt sie zu hören. Er will sie schnell nach Hause schicken. »Ich werde das verhindern«, so der damalige Vorsatz von Almuth Berger. Sie nimmt die werdende Mutter bei sich auf, bringt sie zur Entbindung ins Krankenhaus. Nach der Geburt drängelt der Arbeitgeber. Er will die Frau mit dem Neugeborenen sofort loswerden. Die Pastorin wendet sich 1988 an die staatlichen Stellen: »Das kann ja wohl nicht sein, dass sie mit einem eine Woche alten Kind ins Flugzeug gesetzt wird.« Ihre beiden Schützlinge wohnen bei ihr. Acht Wochen lang. Dann lenkt der Vorgesetzte ein, organisiert eine Wohnung. Die junge Mutter gibt ihr Baby in eine Krippe, ihren Dienst nimmt sie wieder auf.

»Von der menschlichen Seite her wurde sehr wenig darüber nachgedacht, was mit den Menschen passiert, die hierher geholt wurden«, kritisiert Almuth Berger im Interview für das vorliegende Buch. In den Achtzigerjahren kümmerte sie sich um die Mosambikaner in ihrer Gemeinde – im Auftrag der Landeskirche. Mit Mosambik hatte die DDR 1979 ein Abkommen zur Anwerbung von Vertragsarbeitern geschlossen. Bei Zustimmung der Regierung der DDR und der Regierung von Mosambik konnte der Vertrag aufgelöst werden, wenn die Arbeitsfähigkeit in absehbarer Zeit nicht gegeben war – beispielsweise durch eine Schwangerschaft. Das bedeutete: Werdende Mütter mussten die DDR verlassen. Einige Frauen waren zu einer Abtreibung bereit, um bleiben zu können. Doch die Gesetze in ihren Herkunftsländern standen diesem Schritt oftmals entgegen. Die Gynäkologen in der DDR hatten Listen, bei welchen Nationalangehörigen Schwangerschaftsabbrüche erlaubt waren. Mosambik genehmigte so einen Eingriff beispielsweise nicht.

Leben und Arbeit der mosambikanischen Vertragsarbeiter regeln Regierungsabkommen detailliert. Den damit auch verbundenen Einschränkungen und Zwängen können sich viele aber auch entziehen. Der Staat weist jedem nur fünf Quadratmeter zu – in streng kontrollierten Gemeinschaftsunterkünften, die allerdings dem üblichen Standard von Lehrlingswohnheimen entsprechen. Wohl fühlen sich die Mosambikaner in vielen Kirchengemeinden, so auch in der Gemeinde eines mosambikanischen Pfarrers, integriert in die Ostberliner Bartholomäusgemeinde von Almuth Berger. Dort gründet sie 1988 gemeinsam mit engagierten jungen Leuten das erste offene Begegnungszentrum für Aus- und Inländer: »Cabana«, auf Deutsch: »kleine Hütte«. Mosambikaner, Südafrikaner, Äthiopier, Sudanesen, Syrer, Kubaner, Chinesen, Polen und DDR-Bürger kommen einmal pro Woche zusammen. Sie diskutieren, hören und machen Musik miteinander – in der zum Begegnungszentrum umfunktionierten Baracke der Pfarrei. Einige Gemeindemitglieder schimpfen über die Pastorin: »Die kümmert sich ja nur noch um die Ausländer.« Aber die meisten stehen hinter ihr.

Das Wort »Cabana« prangt in dicken Versalien auf dem Einladungsplakat. Drei Balken bilden das Fundament des gezeichneten Hauses, zwei weitere sind darüber gemalt, in Form eines Daches. Zwei skizzierte Gesichter wenden sich einander zu. Sie symbolisieren die Bezeichnung »Begegnungszentrum«. Die »Cabana« wird zu einer Bewegung. In mehreren Städten der DDR entstehen Begegnungsstätten, die den Namen und das Konzept aus Ostberlin aufgreifen.

»Die Kirche muss deutlich zu hören sein«, findet Almuth Berger. Die Sozialistische Einheitspartei Deutschlands will indes die einzige ihr nicht untergeordnete Großorganisation zum Schweigen bringen. Oder wenigstens den Lautstärkeregler nach unten drehen. Einen Tag vor der »Cabana«-Eröffnung müssen die Protestantin und ihr Kollege antreten in ihrem Stadtbezirk, Abteilung Inneres, zuständig für Kirchenfragen. Von »großem Missfallen« ist bei den Offiziellen die Rede. Und von der falsch verstandenen Aufgabe einer Kirchengemeinde. Einen Rückzug auf das rein Religiöse erwarten sie. »Was unser Auftrag ist, das können wir doch vielleicht etwas besser beurteilen als Sie«, kontert die Kirchenvertreterin scharf. Sie klingt heute noch aufgebracht, wenn sie diesen Satz zitiert – mehr als 25 Jahre danach. Dann wiederholt sie ihre Erklärung von damals, in ruhigem Tonfall: »Wir finden es notwendig und wichtig, dass wir uns für ein Kennenlernen von Menschen unterschiedlicher Nationalitäten einsetzen.« Außerdem waren die Einladungen bereits verschickt, die Öffentlichkeit war informiert. »Wie stellen Sie sich das vor? Sollen wir vielleicht einen Zettel anbringen, auf dem steht ›Die Veranstaltung ist verboten‹?« Kopfschütteln bei den Herren gegenüber.

Doch ganz abschütteln lassen sich die Gegner nicht: »Wir sind sicher, dass bei uns auch immer wieder Leute von der Staatssicherheit waren, um uns zu beobachten«, so Almuth Berger heute. Einen Anlass zum Eingreifen gibt es nicht im Begegnungszentrum. Aber bei Familie Berger wird mehrfach eingebrochen. Es geht dem Ministerium für Staatssicherheit nicht um bestimmte Sachen oder Unterlagen. »Man wollte uns Angst einjagen.« Sie konstatiert das heute mit so einer Gelassenheit, dass sofort klar wird: Die Christin ließ sich nicht verunsichern.

Die Saat für ihre mutige Gesinnung legten ihre Eltern. Eine christliche Grundhaltung prägte die Erziehung. Die in der Ökumene aktiven Theologen luden regelmäßig Gäste aus anderen Ländern in ihr Haus ein. Sprachen mit großer Hochachtung von den »fantastischen Leuten«, wie Almuth Berger heute noch schwärmt: »Dass Menschen wegen einer anderen Hautfarbe weniger wert seien, so einen Gedanken gab es überhaupt nicht. Diese Haltung musste ich mir nicht mühsam antrainieren.« Weder zu den Pionieren (→ Glossar, S. 137 f.) noch zur Freien Deutschen Jugend gehörte die Tochter. Sie gliederte sich nicht ein in den Demonstrationszug am 1. Mai, dem »Internationalen Kampf- und Feiertag der Werktätigen für Frieden und Sozialismus«. Konsequenzen blieben aus. Am »Internationalen Gedenktag für die Opfer des faschistischen Terrors und Kampftag gegen Faschismus und imperialistischen Krieg« marschierte das Mädchen hingegen mit. Die Eltern nahmen den in der DDR propagierten Antifaschismus ernst. »Wie wenig davon in der Realität umgesetzt wurde, haben wir erst später gesehen«, räumt Almuth Berger heute ein. »In der DDR lebten ja auch Menschen, die die NS-Zeit erlebt und akzeptiert hatten. Die wurden in einem anderen System nicht auf Knopfdruck zu Antifaschisten.« Nachdenklich fügt sie hinzu: »Dass der Nationalsozialismus nicht richtig aufgearbeitet wurde, halte ich unter anderem auch für einen Grund für die Aggressivität gegenüber Ausländern.« In der Diktatur hieß es: »Bei uns gibt es keine Ausländerfeindlichkeit. Wir haben Völkerfreundschaft und es ist alles wunderbar.« Sie zitiert die offiziellen Verlautbarungen und lacht dabei bitter auf, denn »natürlich war nicht alles wunderbar«.

Die Pastorin erlebt, dass einige die Mosambikaner »Kohlen« nennen, hört Berichte von Attacken auf ihre ausländischen Bekannten. »Angreifer mit rassistischen Motiven wurden allerdings durchaus streng bestraft. Das muss man auch sagen«, betont Almuth Berger. Und sie erfährt von einem Betrieb, der den Vertragsarbeitern ganz deutlich zeigt, dass sie nicht zur Belegschaft gehören: Eigene Speiseräume richtet er ein. Und separate Toiletten. Die Mosambikaner lehnen sich dagegen auf. Der Streit eskaliert. Kurzen Prozess macht der Betriebsleiter mit den vermeintlichen Anführern. Sie sollen weg. Nach Mosambik. »Wir haben versucht, das abzuwenden«, erzählt die Theologin, »aber leider ohne Erfolg.« Wut empfindet sie, wenn sie an solche Augenblicke zurückdenkt. Meist aber akzeptieren Vorgesetzte und Mitarbeiter die Vertragsarbeiter. Machen sich stark für deren Belange. Zu Kontakten mit der Bevölkerung kommt es dennoch selten. Wer jemanden im Wohnheim besuchen will, muss sich melden, eintragen. Manche schrecken davor zurück.

»Wir sind das Volk!« – Die Vertragsarbeiter nehmen den Leitspruch der Friedlichen Revolution 1989 ernst. Fühlen sich zugehörig. Gehen auf die Straße. Demonstrieren mit. Doch nach der Maueröffnung heißt es: »Wir sind ein Volk – Ausländer raus!« Sie sind Ausgestoßene. Zählen nicht zur beschworenen Gemeinschaft. Werden beschimpft. Angegriffen. Die DDR hat den Ausländerhass tabuisiert. Unterdrückte ihn. Notdürftig. Nun breitet er sich aus. Wie die Pest. Gewalt bricht sich Bahn.

Einige Vorgesetzte bemühen sich, die Vertragsarbeiter zu halten. Doch ostdeutsche Angestellte drohen: »Wenn hier die Ausländer in dem Betrieb bleiben und die Deutschen entlassen werden, dann gibt es Mord und Totschlag!« Solche Sprüche muss sich die Pfarrerin anhören. Einheimische streiken. Sammeln Unterschriften. Verlangen Entlassungen. Manche Betriebsleiter schicken ihre Vertragsarbeiter zurück – ohne Ausgleichszahlung. Aufgrund der Ablehnung setzen sich einige nach Westdeutschland ab. Andere werden von ihren Heimatländern zurückbeordert.

Im März 1990 wurde Almuth Berger zur Staatssekretärin und ersten und einzigen Ausländerbeauftragten beim Ministerrat der DDR berufen. Das geschah auf Empfehlung ihrer Mitstreiter in der Arbeitsgruppe für Ausländerfragen am Zentralen Runden Tisch der DDR. Sie mahnten den Einsatz zum Schutz der Vertragsarbeiter, aber auch zur Unterstützung der Firmen an. Als Delegationsleiterin verhandelte die Protestantin mit Verantwortlichen in Mosambik, Vietnam und Angola über eine Veränderung der Regierungsabkommen – ob der aktuellen Lage. In den Protokollen stand unter anderem: Die Abkommen werden nicht verlängert, Betriebe erhalten das Recht auf vorzeitige Kündigungen aus zwingenden Gründen, Entlassene können vorzeitig in die Heimat zurückkehren oder bis zum Ablauf der Vertragszeit bleiben. Rückkehrer haben einen Anspruch auf Unterstützung, im Land Bleibende legen einen Arbeitsvertrag vor oder erhalten eine Gewerbeerlaubnis. Die meisten Ausländer entschieden sich für einen Heimflug – auch aufgrund der zunehmenden Feindseligkeiten.

Als Ausländerbeauftragte der DDR sowie ab 1991 als Ausländerbeauftragte des Landes Brandenburg gelang es Almuth Berger, das Bleiberecht für ehemalige Vertragsarbeiter durchzusetzen – gemeinsam mit Ausländerbeauftragten in anderen Bundesländern sowie Vertretern von Kirchen, Wohlfahrtsverbänden und Gewerkschaften. Sieben Jahre lang währte der Kampf. Denn die Regierung der Bundesrepublik stemmte sich zunächst dagegen. 1992 kam es zu einer Kundgebung im Magdeburger Dom. Organisator war der Arbeitskreis gegen Fremdenfeindlichkeit in den neuen Bundesländern unter Vorsitz von Almuth Berger. »Lasst uns Lichter anzünden und Zeichen setzen! Gemeinsam für das Bleiberecht«, so die Losung – und schließlich die als humanitär anerkannte Lösung. 1997 lenkte die Bundesregierung ein. Eine unbefristete Aufenthaltserlaubnis bekam, wer sich unter anderem vor der Wiedervereinigung (→ Glossar, S. 148 f.) rechtmäßig mindestens acht Jahre lang in der DDR aufgehalten hatte und seinen Lebensunterhalt eigenständig bestreiten konnte.

Einige Mosambikaner absolvieren eine von der Kirche oder der Regierung geförderte Berufsausbildung. Dass ehemalige Vertragsarbeiter sich in Deutschland etablieren, stinkt einigen Rechten. Sie bedrohen sie. Überfallen sie. Verletzen sie. Töten sie.

Bei aller Empörung – härtere Strafen hält Almuth Berger nicht für notwendig. Worauf es ihr ankommt: Bestehende Gesetze müssen richtig angewandt werden. Und die Täter dürfen in der Haft nicht noch weiter in die Szene hineinkommen. Als »gesamtgesellschaftliche Aufgabe« bezeichnet sie 2014 die Bekämpfung der Fremdenfeindlichkeit: »Jeder muss sehen, dass er ein Stück Verantwortung hat.« Und sie freut sich, dass die Integration von Ausländern voranschreite und »immer mehr Menschen erkennen, dass Rechtsextremismus eine Gefährdung der Demokratie darstellt«. Heute wehrt sie sich als Vorsitzende des Gemeindekirchenrates in ihrer Berliner Gemeinde gegen Abschiebungen von Flüchtlingsfamilien. Denn: »Der Schutz der Menschen vor Krieg und Gewalt ist eine humanitäre Verpflichtung.«

Ausländer in der DDR

Für den März 1990 zählte das Staatssekretariat für Ausländerfragen der DDR etwa 191.000 Ausländer – etwas mehr als ein Prozent der DDR-Bevölkerung. Nicht zur Statistik gehörten die etwa eine halbe Million Soldaten und Zivilpersonen der sowjetischen Streitkräfte. Denn diese größte Gruppe von Ausländern in der DDR lebte abgeschottet in Kasernen.

Ins Land kamen Politemigranten, Studenten, Auszubildende sowie Vertragsarbeiter aus Mosambik, Vietnam, Algerien, Angola, China, Kuba, der Mongolei, Polen und Ungarn. Sie arbeiteten beispielsweise in der Leicht- und Chemieindustrie, in Fleischkombinaten, im Baugewerbe und im Dienstleistungsbereich.

Die »zwischenstaatliche Migration von Arbeitskräften«, wie es offiziell hieß, orientierte sich zunehmend an wirtschaftlichen Notwendigkeiten der DDR. So ging es beispielsweise beim Einsatz von Mosambikanern auch um den Schuldenabbau Mosambiks gegenüber der DDR.

Eine weitgehende Gleichbehandlung von In- und Ausländern sah das Ausländergesetz (1979–1990) zwar vor – allerdings mit Einschränkungen. Rechte beschnitten auch die zahlreichen Abkommen. Sie waren geheim. Die Bevölkerung wusste also nicht, warum und unter welchen Bedingungen Ausländer in der DDR lebten, was Vorurteile und Ausländerfeindlichkeit verstärkte. Beispielsweise meinten einige DDR-Bürger, Vertragsarbeitnehmer hätten Westgeld (D-Mark) bekommen, was nicht der Fall war.

»Wir lassen uns in den Friedensgebeten nichts vorschreiben«

Hans-Joachim Döring
(*1954)
war einer der Initiatoren der Montagsgebete
in der Leipziger Nikolaikirche

Leipzig – das Zentrum der Friedlichen Revolution. Die Montagsdemonstrationen gingen von den Montagsgebeten aus. Seit 1982 gab es die Friedensgebete in der Nikolaikirche. Hans-Joachim Döring regte sie gemeinsam mit Mitstreitern an. Drei Jahre lang gestaltete er eine Montagsmesse pro Monat in der Nikolaikirche.

Auch außerhalb der Kirchenräume fand sich der damalige Diakon mit Jugendlichen zu Protesten zusammen. Dabei geriet er ins Fadenkreuz des Ministeriums für Staatssicherheit. Er verteidigte seine Schützlinge gegenüber Verantwortlichen von Kirche und Staat.

1986 wechselte der gebürtige Sachse zum Kirchenbund nach Ostberlin. Der promovierte Religionspädagoge gründete das Lothar-Kreyssig-Ökumene-Zentrum der Evangelischen Kirche in Mitteldeutschland. Heute ist Hans-Joachim Döring Beauftragter für Umweltfragen und für den Kirchlichen Entwicklungsdienst der Landeskirche.

Licht erhellt den Marktplatz nahe der Nikolaikirche. Weich ist es, wirkt behaglich, an jenem Novemberabend 1983. Mit Gleichgesinnten zündet Hans-Joachim Döring gegen 18 Uhr Kerzen an. Ein stiller Protest gegen das Wettrüsten der Weltmächte.

Mehr als dreißig Jahre danach schildert er die Situation im Interview für das vorliegende Buch: Einsatzkräfte tauchen vor dem Rathaus auf. Sie befehlen den Demonstranten: »Lösen Sie sich auf und verschwinden Sie!« Die Angesprochenen bleiben. Einige Personen greift die Polizei aus der Menge. Auch Döring, den vermeintlichen Rädelsführer der Gruppe. Polizisten in Zivil schieben ihn in ein Auto, bringen ihn zum Präsidium in die Ritterstraße in Leipzigs Innenstadt. Mehr als eine Stunde lang steht der damals 29-Jährige erst allein, dann mit anderen Inhaftierten auf dem Garagenhof.

Scheinwerferlicht blendet ihn. Er kneift die Augen zusammen. Da hört er ein heftiges Klatschen. Im Rhythmus. Immer lauter. Dazu fieses Feixen. »Da ist wieder Frischfleisch!« Der sexuell konnotierte Ausdruck spiegelt eine »Lustatmosphäre« wider, wie sich Döring erinnert. Die gehässigen Männer mit den tiefen Stimmen scheinen sich wohl darauf zu freuen, was ihm blühen könnte. Ihre Gesichter kann er in der Dunkelheit nicht erkennen.

Angst packt ihn damals. Doch der Diakon kommt noch glimpflich davon: Uniformierte fahren ihn vom Polizeipräsidium zum Verhör ins Gefängnis der Stasi-Bezirksverwaltung. Um vier Uhr nachts lassen sie ihn laufen. Das alles geschieht etliche Stunden nach Ende des Montagsgottesdienstes in der Nikolaikirche – mitbegründet von Döring im Jahre 1982.

Die Geschichte der Friedensgebete in der DDR begann bereits 1978: In Erfurt trafen sich Menschen zu gemeinsamen Andachten. Drei Jahre später schlug die Dresdner Weinbergsgemeinde ein landesweites Netz von Friedensgebeten vor. Die DDR-Bürger zeigten mehr Selbstbewusstsein – unter anderem angeregt durch die tschechoslowakische Menschen- und Bürgerrechtsbewegung Charta 77 (→ Glossar, S. 136 f.), die Gewerkschaftsbewegung Solidarność (→ Glossar, S. 146) in Polen und die westdeutsche Friedensbewegung (→ Glossar, S. 147 f.).

1980 initiierte die Evangelische Jugendarbeit die Friedensdekade in vielen Städten und Dörfern – geduldet vom Staat. Die

Teilnehmer diskutierten über Politik, drängten auf gesellschaftliche Mitsprache und beteten gemeinsam.

Zwei Jahre später fanden erstmals die Montagsgebete in der Nikolaikirche in Leipzig statt. Auslöser war eine Terminüberschneidung in der Evangelischen Gemeinde von Probstheida bei Leipzig: Mitglieder der Jungen Gemeinde begegneten unerwartet Rentnerinnen des Bibelkreises. Sie sprachen miteinander über das Symbol der unabhängigen Friedensbewegung: Schwerter zu Pflugscharen. Es zeigt einen Mann, der ein Schwert umschmiedet. Junge Menschen trugen den Aufnäher mit dem biblischen Motiv. Eine Ehrverletzung für die Oberen des Obrigkeitsstaates, bestritt diese Bewegung doch deren Alleinvertretungsanspruch auf Friedenspolitik. Außerdem lehnte die Sozialistische Einheitspartei Deutschlands die zur Schau getragene pazifistische Haltung der Andersdenkenden ab. Denn ihr Frieden sollte bewaffnet bleiben. Ein offizielles Verbot des Zeichens gab es nicht. Aber Polizei und Stasi nahmen sich Jugendliche mit dem Emblem zur Brust. Auf offener Straße rissen sie die Aufnäher von den Jacken ab. Wer das Friedenszeichen trug, musste auch mit einer Schulstrafe oder der Relegation rechnen. Die Rentnerinnen reagierten empört auf die Schilderungen der jungen Leute, forderten sie auf, immer wieder davon zu berichten.

Die Idee für gemeinsame Diskussionen begeistert den Jugenddiakon Günter Johannsen. Gemeinsam mit Olaf Müller von der Jungen Gemeinde wendet er sich an Friedrich Magirius, den Superintendenten des Kirchenbezirks Leipzig-Ost. Sie schlagen ihm eine wöchentliche Friedensandacht vor – und erhalten eine zeitweilige innerkirchliche Genehmigung dafür. Ins Boot holen die beiden Döring, damals Jugenddiakon an der Leipziger Thomaskirche. Döring, Johannsen und Müller verfassen, signieren und vervielfältigen den ersten Aufruf zum Friedensgebet am 13. September 1982 in der Nikolaikirche – aufgrund ihrer zentralen Lage der ideale Veranstaltungsort.

Am 27. September 1982 hält Döring seine erste Montagsmesse in der Nikolaikirche – gemeinsam mit der Jungen Gemeinde der Leipziger Thomaskirche. Etwa zwanzig Jugendliche sitzen in dem hellen Gotteshaus. »Ich hatte gedacht, es würden mehr Leute kommen, etwas enttäuscht war ich schon«, gesteht der Kirchenmann im Interview. Die meisten Teilnehmer kennt er. »Sie suchten Orientierung zwischen Christentum und einem engagierten Staatsbürgerbewusstsein. Sie wollten hierbleiben, in der DDR etwas verändern.«

Sie streben nach Öffentlichkeit und Emanzipation, wollen Lähmung und Hierarchie in Staat und Kirche überwinden, sind stolz darauf, dass endlich etwas in Gang kommt. Für dieses Land, für diese Gesellschaft, für diese Kirche soll das Friedensgebet sein. Die im September erteilte Erlaubnis für die Friedensgebete gilt nur bis zur zehntägigen Friedensdekade im November 1982. Dass es danach mit den Gottesdiensten an den Montagen dennoch weitergeht, ist auch die Folge einer brutalen Aktion: Polizisten räumen ein von Punkern okkupiertes, einst leer stehendes Haus in Leipzig, halten einige Besetzer fest, verhören sie. Die Mitstreiter wenden sich an Döring und seine Kollegen. Von ihnen fordern sie: »Stellt Öffentlichkeit her!« Auf Unterstützung aus Kirchenkreisen hoffen die Jugendlichen, weil die Friedensgebetsteilnehmer im Gotteshaus gelegentlich derartige Übergriffe thematisieren. Am 22. November 1982 unterschreiben Magirius, Döring, Johannsen und Müller ihren Aufruf: »Das Friedensgebet geht weiter. Jeden Montag, 17 Uhr, in der Nikolaikirche!« Damit verlassen die Montagsandachten den begrenzten Rahmen der Friedensdekade. Sie finden nun kontinuierlich statt.

Ursprünglich sollte es der Mittwoch sein. Doch Dörings Kalender wies nur noch am Montag Lücken auf. Mit Johannsen und Müller einigte er sich deshalb auf Montag. Die Nikolaigemeinde stimmte dem zu. Dass die Friedensgebete montags statt mittwochs stattfanden, wirkte sich im Herbst 1989 »möglicherweise unbeabsichtigt deeskalierend und gewaltmindernd« aus und könnte eine »gewisse historische Bedeutung« haben, rekapituliert Döring im Interview. Seine Mutmaßung: Die Friedensgebete erhitzten bei jeder diensträglichen SED-Politbürositzung (→ Glossar »Politbüro«, S. 145) die Gemüter der Genossen aufs Neue. Der »greise Kreis um Erich Honecker« wollte sich »von ein paar Christen und Demonstranten nicht ins Bockshorn jagen lassen«, wie er sagt. »Vermutlich beschlossen sie, dagegen mit harter Hand vorzugehen«, so Dörings Gedankengang. Bis zum darauffolgenden Montag »zerrann« den Verantwortlichen unter den Ereignissen möglicherweise der eine oder andere Plan. »Das Friedensgebet am Montag erwies sich somit als hilfreich für die Friedliche Revolution und war ein ›strategischer‹ Vorteil für Bürger und Demonstranten«, davon ist Döring überzeugt.

Zu den Montagsandachten in die Nikolaikirche zieht es seit 1982 Gläubige und Nichtgläubige. Eine neue, offene und provisorische Gottesdienstform entsteht – weil Laien zu Wort kommen. Im Laufe der Zeit kristallisiert sich eine feste Struktur heraus: Der Begrüßung folgen unter anderem die Ankündigung des Tagesthemas, Eingangsgebet, Informationen zu aktuellen Geschehnissen, Musik, Meditation, Fürbittgebet und Kanon. Geschickt sendet Döring eine Botschaft an die Versammelten – wenn er beispielsweise aus dem Magnifikat, dem Lobgesang Marias aus dem Lukasevangelium, zitiert: »Er stößt die Mächtigen vom Thron.« Dass damit die Obrigkeit gemeint ist, muss er nicht extra unterstreichen.

Das Ministerium für Staatssicherheit setzt auf den Religionspädagogen 21 Inoffizielle Mitarbeiter (→ Glossar, S. 142) an. Das las Döring in seiner Stasiakte: Sechs Spitzel berichten regelmäßig über ihn – zwei von ihnen kennt er. Heute hegt Döring kaum noch Groll gegen sie. Immerhin: Fünfzehn Inoffizielle Mitarbeiter liefern keine Aufzeichnungen ab. »Sie funktionierten wohl irgendwie nicht für den Apparat«, erklärt er. MfS-Mitarbeiter sitzen auch in den Kirchenbänken. Registrieren genau, wer an den Montagsgebeten teilnimmt.

Den Spielraum der Vereinbarung der evangelischen Kirchen mit der Regierung von 1978 galt es immer wieder auszuloten. Die evangelischen Kirchen sollten Konfrontationen mit dem Staat vermeiden – dafür erkannte die SED eine gewisse Eigenständigkeit an. Das bedeutete aber keineswegs die völlige Unabhängigkeit von der Partei. »Es gab immer nur Gestattungslücken«, so Döring. Die Kirche sollte nur kirchliche Inhalte transportieren. Ging es in den Friedensgebeten beispielsweise um Friedensfragen oder Demokratie, »wurde ganz schnell die große Keule herausgeholt« – nach dem Motto: »Verlasst ihr euren kirchlichen Auftrag und werdet politisch, dann engen wir eure Freiräume ein.« Döring erhebt die Stimme, als er die Drohung von einst zitiert.

Doch Furcht lässt er sich von den Mächtigen nicht einjagen. »Wir lassen uns in den Friedensgebeten nichts vorschreiben«, vehement wiederholt er seine Maxime von einst. Seine Meinung zu sagen, das ist er gewohnt, von Kindesbeinen an. Sein Vater hatte ihm beigebracht, sich gegen Ungerechtigkeit zu wehren.

Döring und seine Mitstreiter solidarisieren sich auch außerhalb der Nikolaikirche mit den Jugendlichen. Nach den Montagsmessen ziehen die jungen Menschen mitunter durch die Stadt – mit brennenden Kerzen in den Händen. Manchmal notieren sich die Polizisten nur die Namen. Manchmal vertreiben sie die Protestierenden oder nehmen sie fest.

Zur Eröffnung der Dokumentar- und Kurzfilmwoche im November 1983 planen Jugendliche, Künstler und Mitglieder einer Dritte-Welt-Gruppe erneut eine Lichterdemonstration. Döring und seine Kollegen wissen damals davon. Sie richten ein Schreiben an das Präsidium der Dok-Woche. Es landet auch bei den beiden Superintendenten der Kirchenbezirke Leipzig-Ost und Leipzig-West sowie der Abteilung Inneres beim Rat der Stadt. Die sechs Vertreter der kirchlichen Jugendarbeit kündigen somit an, an welchem Tag ihre Schützlinge vor dem Filmtheater still mit Kerzen auftreten, um so Öffentlichkeit herzustellen. Sie äußern ihre Befürchtung, dass den jungen Leuten mit »unangemessener Härte« begegnet werden würde.

Für die Diener des Staates war das ein Affront. Und die im Herrschaftsdiskurs geübten Superintendenten sprachen den Verfassern des Schreibens die Kompetenz ab, im Namen der kirchlichen Mitarbeiter zu agieren. »Ich stehe zu meiner Unterschrift« – als Döring seine Erwiderung von einst wiedergibt, durchzieht etwas Energisches seine Stimme. Trotz der Spannungen mit den Vorgesetzten blieben aber Konsequenzen aus.

Am Abend der Eröffnung versammelten sich die Jugendlichen an der Filmbühne Capitol, bildeten einen Kreis, zündeten Kerzen an. Mehrere Personen wurden »zugeführt« (→ Glossar »Zuführungen«, S. 150), wie es im Stasijargon damals hieß. Das bedeutete, sie wurden zeitweilig festgenommen. Einige kamen in den Knast. Döring war bei den Verhandlungen dabei, suchte die Eltern auf. Sie zeigten Verständnis für den Freiheitsdrang ihrer Kinder.

»Die staatlich gesteuerte Justiz (→ Glossar, S. 142 f.) hat hier ein schlimmes Exempel statuiert«, konstatiert Döring mehr als dreißig Jahre später – mit Bitterkeit im Tonfall. Der Staat greift damals rigoros ein, wenn das »Emanzipations- und Selbstbewusstsein« der Akteure der ihm verhassten Montagsandachten zu groß wird. Eine Mitstreiterin von Döring darf nicht promovieren und Schüler dürfen ihr Abitur nicht machen – aufgrund ihrer Teilnahme an den Friedensgebeten. Von ihrem Engagement lassen sich viele junge Menschen dennoch nicht abhalten. Für Döring und seinen Kollegen, den Diakon Günter Johannsen, sind sie »die eigentlich tapferen Leipziger Helden, deren Ehrung nach wie vor aussteht«.

Die Leipziger Friedensgebete Ende der Achtzigerjahre
Ein wesentlicher Faktor auf dem Weg zum gesellschaftlichen Umbruch in der DDR waren die Montagsgebete in der Leipziger Nikolaikirche. Im Gottesdienst thematisierten Pfarrer und Diakone unter anderem die aktuellen politischen Ereignisse, nannten die Namen der Verhafteten, informierten über Freilassungen, riefen zu Gewaltverzicht und Zivilcourage auf.

Die Staatstreuen überwachten die Kirchengänger mit einer auf das Portal gerichteten Kamera, umstellten das Gebäude, griffen einige nach Ende der Andacht auf und verhafteten sie. Sie versuchten immer wieder, die Montagsgebete abzusetzen oder an den Stadtrand zu verlegen – ohne Erfolg. Die Pfarrer Christoph Wonneberger und Christian Führer gestalteten in dieser Zeit die Friedensgebete maßgeblich. Im Herbst 1989 fanden in Leipzig die Friedensandachten nicht nur in der Nikolaikirche statt, sondern unter anderem auch in der Michaeliskirche und Reformierten Kirche sowie spät erst in der Thomaskirche. Eine notwendige Veränderung ohne Gewalt – das war das Hauptziel der Friedfertigen von Leipzig. Vor ihren Demonstrationen versammelten sie sich bei den Friedensgebeten.

Die Nikolaikirche wurde aufgrund ihrer langen Friedensgebetstradition und zentralen Lage zum Ausgangspunkt der Montagsdemonstrationen von September 1989 bis März 1990. Sie beeinflussten den Beginn und Verlauf der Friedlichen Revolution entscheidend mit. »Die Protestierenden legten eine Entschlossenheit an den Tag, und die Mächtigen mussten sich letztlich geschlagen geben«, bekräftigt Döring.

Der 9. Oktober 1989 war der Tag der Entscheidung: Die Gefahr bestand, dass die in der Stadt konzentrierten Einsatzkräfte mit Gewalt gegen die etwa 70.000 friedlich Protestierenden vorgehen würden. Krankenhäuser wurden auf einen möglichen erhöhten Bedarf an medizinischer Notversorgung vorbereitet. »In den Kirchen wurde ›Keine Gewalt!‹ gepredigt und eingeübt und auch der Stadtfunk verkündete ›Keine Gewalt!‹«, entsinnt sich Döring. Die Sicherheitsorgane schlugen nicht zu – wie befürchtet und wie bei den Demonstrationen zuvor. »Am 9. Oktober 1989 entschied sich, dass die Revolution von nun an friedlich verlaufen würde und dass die Mächtigen vom Thron gestoßen würden«, resümiert Döring. Für ihn waren die Gewaltlosigkeit und die Ohnmacht der Herrschenden an diesem Tag das lange erhoffte »Wunder von Leipzig«.

»Noch sechs Tage hätte die Stasi gebraucht, dann hätte sie uns gehabt«

Günter Wetzel
(*1955)
flüchtete mit seiner Familie im Ballon in den Westen

Sein »sehnlichster Wunsch« war es wegzugehen – aus dem Staat, in dem er seine Zunge im Zaum halten musste, weil er nie wissen konnte, ob ein Spitzel (→ Glossar »Inoffizieller Mitareiter (IM) des Ministeriums für Staatssicherheit (MfS), S. 142) am Nebentisch sitzt. Günter Wetzel sann über eine Flucht im Heißluftballon nach, überzeugte seine Frau und ein befreundetes Ehepaar davon. Sie wollten ein Leben in Freiheit – für ihre Kinder und für sich. Anderthalb Jahre dauerten die Vorbereitungen bis zur Flucht in einer Septembernacht 1979 (→ Glossar »Republikflucht«, S. 145f.).

Von Thüringen nach Bayern schwebten sie zu acht in ihrem selbst gebauten Heißluftballon – mit einem Volumen von 4200 Kubikmetern der damals größte in Europa. Schon einige Zeit vor dem Start hatte das Ministerium für Staatssicherheit Wind von der Aktion bekommen. Doch die beiden Familien aus Pößneck entwischten den Verfolgern.

In der Bundesrepublik arbeitete Günter Wetzel unter anderem als EDV-Systemtrainer. Er lernte fliegen und unterrichtete in Flugsportvereinen. Seit einigen Jahren erzählt der Wahlfranke als Zeitzeuge von der einzigen geglückten Ballonflucht aus der DDR.

Mondhell ist die Mainacht – ideal für den Test ihres selbst gebauten Heißluftballons. Günter Wetzel und Peter Strelzyk fahren mit ihren Ehefrauen zu einem Steinbruch. An einer steilen

Felswand wollen sie die Hülle hochziehen und befüllen. Sie breiten den Stoff aus, stellen den Brenner auf. Plötzlich sieht Peter einen Schatten. Angst treibt die vier an. Schnell werfen sie alle Utensilien in den Anhänger, fahren davon. Am Ende des Feldwegs halten sie an, prüfen die Ladung. Der heraushängende Ballonstoff ist zerfetzt.

In einem Heizkessel verbrennt Peter den Futterstoff, den ihnen der Lagerleiter eines Lederwerks gegeben hat. Das zerschlissene Material soll verschwinden, damit niemand ihre Fährte aufnimmt. Im Mai 1978 beschließen sie, einen zweiten Ballon zu bauen, mit dichterem Stoff. Angeschoben vom Nordwind soll er sie über die Grenze tragen – in den verheißungsvollen Westen.

Jahre vor dem Fluchtplan verspürt Günter bereits den Drang, einfach abzuhauen, damit dem Unterdrückungsregime eine Absage zu erteilen – wie viele andere DDR-Bürger auch. Der Gängelei in der Diktatur will er entgehen.

Weil sich sein Vater noch vor dem Mauerbau (→ Glossar »Mauer«, S. 143 f.) 1961 in den Westen abgesetzt hatte, durfte Günter Jahre später nicht Physik studieren. Einen Studienplatz hätte er nur erhalten, wenn er in die Sozialistische Einheitspartei Deutschlands eingetreten wäre. Für ihn kam das nicht infrage. »Jeder, der in der SED mitgemacht hat – ob aus Überzeugung oder nicht – hat dieses System gestärkt«, konstatiert Wetzel: »Und mit diesem System wollte ich nichts zu tun haben.«

In der thüringischen Stadt Pößneck arbeitete der Familienvater als Maurer, Forstfacharbeiter und Berufskraftfahrer. Zufrieden stellte ihn das nicht. Seine Leidenschaft galt der Technik. Immer wieder spielte der junge Mann im Kopf Fluchtszenarien durch.

Einen Bericht über das Ballonfahrertreffen in Albuquerque in New Mexico las er in einer Zeitschrift, die ihm eine Westverwandte mitgebracht hatte. »Das kann doch gar nicht so schwierig sein, so einen Ballon zu bauen«, so sein Gedanke, mit dem er auch seinen Freund Peter im März 1978 infizierte. Es gelang ihnen, ihre Frauen davon zu überzeugen. »Wir waren damals der

Meinung, dass wir einen sicheren Weg gefunden haben«, unterstreicht Wetzel: »Gedanken, dass was passieren könnte, man erwischt werden könnte, hat man verdrängt.«

Wie bereits für den ersten Ballon, näht Günter im Juni 1978 für das Nachfolgeexemplar Stoffbahnen zusammen, sitzt an vielen Tagen etliche Stunden an einer gusseisernen Nähmaschine. Der Taftstoff stammt aus einem Leipziger Kaufhaus. Einen Korb aus Winkeleisen, einer Blechplatte, vier Stangen an den Ecken und Wäscheleinen hatten sie schon für den ersten Ballon hergestellt. Nun fertigen sie einen neuen Brenner an. Günter baut noch ein Gebläse aus einem Motorradmotor.

Gleichzeitig packen ihn Zweifel: Verfügt die Gondel über eine Tragkraft für acht Personen? Und ist der Brenner wirklich funktionstüchtig? Es kommt zu Differenzen mit Peter. Schließlich steigen die Wetzels im Sommer 1978 aus dem Vorhaben aus; Günter will für seine Familie ein Leichtflugzeug bauen.

Anfang Juli 1979 versuchen die Strelzyks im Ballon in den Westen zu fliegen, scheitern jedoch mit einer Notlandung vor der Grenze. Es gelingt ihnen, unbemerkt in ihr Zuhause zurückzukehren sowie das Auto, den Anhänger und die Ausrüstung vom Startplatz zu entfernen. Kurze Zeit später hört Günter von dem Fund eines Heißluftballons im Grenzgebiet.

Ende Juli 1979 gewinnt Peter Günter für ein weiteres Fluchtmanöver. Sie fertigen einen neuen Korb an – den Rest der Ausrüstung hatten sie bereits hergestellt. Für den dritten Ballon näht Günter Taftstoff, Zeltnylon und Regenschirmseide zusammen. Sie kaufen immer nur kleine Stoffmengen, fahren dafür bis nach Rostock. Denn zu viele Ballen in einem Geschäft zu verlangen, könnte Verdacht erregen. Zu groß ist die Gefahr, dass die Verkäufer die Stasi alarmieren. »Uns blieb gar nichts übrig, als die Flucht jetzt durchzuziehen«, erklärt Wetzel im Interview: »Meine Frau und ich hingen mit drin, wenn die Stasi die Spur zu den Strelzyks finden würde.«

Am Fundort des abgestürzten Ballons der Strelzyks entdeckte die Stasi einige Werkzeuge und suchte nun nach dem Besitzer – wie Günter im August 1979 aus der Zeitung erfuhr. Die Zeit drängte, weil seine Einberufung zur Nationalen Volksarmee (NVA) bevorstand. Die beiden Ehepaare fassten gemeinsam den Entschluss, notfalls ohne ihn den Ballonflug nach Bayern zu wagen. »Mich hätte man in diesem Fall zwar ins Gefängnis gebracht, aber das hätte ich in Kauf genommen«, beteuert Wetzel: »Die Hoffnung bestand darin, dass mich Strelzyks und meine Frau vom Westen aus freibekommen würden.«

In der Fluchtnacht im September 1979 treffen sich Günter, seine Frau, die beiden zwei und fünf Jahre alten Söhne mit Peter, seiner Frau und deren zwei Jungs im Jugendalter – auf einer grenznahen Waldlichtung, in der Nähe von Gleisen. Wenn Züge vorbeirattern, hört niemand den Lärm des Gebläses, hoffen sie. Die Stimmung ist zum Zerreißen gespannt. Um 1.30 Uhr bauen Günter und Peter die Gondel auf, montieren vier Gasflaschen und den Brenner, verankern den Korb mit vier Seilen am Boden. Die Ballonhülle breiten sie aus, befestigen sie an der Gondel und legen sie zum Füllen bereit. Um das Gas für die Fahrt zu sparen, haben sie noch einen zweiten Brenner mit drei Gasflaschen dabei: Mit diesem Brenner können sie die Luft im Ballon schon vorheizen und so den Startvorgang beschleunigen.

Günter und Peter werfen den Brenner und das Gebläse an. Es zischt; die Stoffhülle ist innerhalb von fünf Minuten gefüllt; Peter führt Warmluft zu, der bunt gestreifte Ballon richtet sich auf. An das »unbeschreibliche Gefühl« bei diesem Anblick erinnert sich Wetzel noch heute.

Die acht klettern in den Korb; Günter und Peter drehen den Brenner auf. Langsam hebt die Gondel vom Boden ab, die Seile sind straff gespannt. Günter und der ältere Strelzyk-Sohn schneiden drei Seile durch – dabei trifft ein Anker den Sechzehnjährigen am Kopf. Das vierte Seil bleibt in der Verankerung hängen, die

Gondel kippt zur Seite. Panikschreie dringen durch die Nacht. Der Brenner fällt um, die Flamme erfasst den Stoff.

In jener Septembernacht 1979 drohte die tobende Flamme die Flucht zu vereiteln. Fraß sie sich doch immer weiter durch die Stoffbahnen. Günter hantierte mit dem Feuerlöscher, bekämpfte den Brand mit Erfolg, rettete so den Stoff; Peter reduzierte das Feuer des Brenners, durchtrennte das letzte Seil.

Die brandgefährliche Aktion warf ein düsteres Licht auf ein Land, das Menschen unbedingt verlassen wollten, dabei ihr Leben aufs Spiel setzten – und die Gefahr eingingen, geschnappt zu werden. »Wir wären im Knast verschwunden, die Kinder wären ins Heim gekommen«, führt Wetzel im Interview aus. Für den Fall X hatte der 24-Jährige einem Westverwandten ein Foto von den Näharbeiten mitgegeben: »Wir hofften, dass die Bundesrepublik mit einem Beweisfoto etwas für uns tun könnte.«

Um 2.32 Uhr gleitet der Heißluftballon gen Himmel. Ein Fauchen ist zu hören. Günter entdeckt einen Riss im Stoff; jetzt müssen sie ununterbrochen heizen. Der Nordwind drückt den Ballon immer weiter nach oben. Minus acht Grad misst das Thermometer; dicht an dicht gedrängt verharren sie im Korb.

Plötzlich durchschneidet Flutlicht die Finsternis, erfasst den Ballon aber nicht. Günters Vermutung wird sich später als richtig erweisen: Es sind die Suchscheinwerfer des Grenzübergangs Rudolphstein; nach wenigen Minuten gehen sie wieder aus.

Plötzlich gibt der Brenner den Geist auf, die Männer setzen alles daran, ihn zu starten – wieder und wieder; vergeblich. Die Flamme erstirbt, der Ballon sinkt. »Das war's«, murmelt Peter. Die anderen sind stumm vor Entsetzen. Günter schaltet seinen Landescheinwerfer an. Da huschen Baumwipfel unter der Gondel durch. Ein Kratzen der Äste ist zu hören. Dazwischen die Schreie der Erwachsenen, das Weinen der Kinder. Es kracht; der Korb schlägt im Gestrüpp auf.

Die acht krabbeln heraus. Ob sie es geschafft haben, wissen sie nicht. Furcht ergreift sie. Erschöpft sind sie. Sie laufen in Richtung Süden. »Uns war klar, dass sie uns mit den Scheinwerfern auf der Spur waren, uns suchen und finden werden«, so Wetzel.

Sie kommen an einen Bauernhof; die Frauen und Kinder verstecken sich im Gebüsch; die Männer inspizieren die Gegend. Ein Audi stoppt vor ihnen; ein Polizist steigt aus. »Sind wir im Westen?«, fragt Peter, obwohl ihm die vier Ringe am Kühlergrill auffallen. »Ja, wo sonst?«, lautet die Antwort. Sein Kollege auf dem Beifahrersitz greift nach der Maschinenpistole. »Die haben uns tatsächlich für Terroristen gehalten«, erläutert Wetzel im Interview. Damals beteuern er und Peter: »Wir sind Flüchtlinge aus dem Osten.«

Leuchtkugeln schoss Günter in die Luft – das Signal für die Angehörigen, aus dem Versteck zu kommen. Die acht umarmten sich, dann die Polizisten. Wetzel wird das Gefühl in dieser Minute nie vergessen: »Wir waren einfach nur glücklich.«

Bei dem bayerischen Grenzort Naila schlugen die Wetzels und Strelzyks auf – nach 28 Minuten und achtzehn Kilometern bei einer maximalen Höhe von 2000 Metern. Diese Höhenangabe konnten sie später Radaraufzeichnungen einer nahe gelegenen Vogelwarte entnehmen. Nach der Flucht erfuhren sie auch: Ein Zeitgewinn von zweieinhalb Wochen hatte über ihr Schicksal entschieden. Denn eine Woche nach dem gescheiterten Fluchtversuch der Strelzyks im Grenzgebiet hatte ein ehemaliger Polizist den Ballon gefunden, hatte aber keine Meldung erstattet, weil er sich verbotenerweise in der Sperrzone aufgehalten hatte. Weitere anderthalb Wochen später hatte ein Jäger den Ballon entdeckt, den Fund angezeigt und die Suchaktion damit in Gang gesetzt. »Sie waren ganz dicht an uns dran«, betont Wetzel im Interview. Vom Leiter des Stasiunterlagen-Archivs Gera weiß der Ballonbauer: »Noch sechs Tage hätte die Stasi gebraucht, dann hätte sie uns gehabt.«

Um drei Uhr nachts umsorgen die Menschen in Naila die Flüchtlinge: Der Bürgermeister eilt herbei, bietet den Familien zwei Stunden später Wohnungen an. Ein Polizist schafft Kleidung für die Ankömmlinge heran. Für den kleinen Sohn der Wetzels, der seine Schuhe verloren hatte, holen die Bewohner am Sonntag ein neues Paar aus der Schuhfabrik. Und der Metzger aus dem Nachbarort versorgt die acht mit Brotzeit. Günter muss eine Woche lang im Krankenhaus bleiben, da er sich beim Aufprall der Gondel einen Muskelfaserriss in der Wade zugezogen hatte.

In der Zwischenzeit schließt Peter einen Exklusivvertrag mit dem *Stern* ab – Günter unterschreibt ihn später. »Peter hat sich als der Initiator und große Macher dargestellt und behauptet, dass er uns nur aus Mitleid mitgenommen hat«, ärgert sich Wetzel: »Das war nicht der Fall. Er hat das Ganze zwar größtenteils finanziert, aber ich war der, der es überwiegend konstruiert und gebaut hat.« Von nun an gehen die Familien getrennte Wege.

Auch im Westen sitzt die Stasi den Wetzels im Nacken: Sie versucht, die Familie in die DDR zurückzulocken. Und in Naila setzt sie drei Inoffizielle Mitarbeiter auf sie an. Seine Briefe an seine Mutter findet Wetzel später in seiner 2400 Seiten dicken Stasiakte. Von den Fluchtplänen ihres Sohnes hatte die Frau keine Ahnung – das muss auch die Stasi in den Verhören feststellen. »Wenn sie etwas gewusst hätte, wäre sie vielleicht weich geworden, deshalb habe ich geschwiegen«, verdeutlicht Wetzel: »In unser Vorhaben war auch sonst keiner meiner Leute eingeweiht.«

Der couragierte Coup über den Wolken entfachte weltweit einen Wirbelsturm in der Medienlandschaft. Und er diente als Vorlage für die Hollywoodverfilmung *Mit dem Wind nach Westen* (1982) sowie Michael Bully Herbigs Thriller *Ballon*. Der vielfach gepriesene Nervenfetzer des Münchner Regisseurs kam 2018 in die Kinos; sechs Jahre zuvor hatten die getrennten Gespräche mit den Familien begonnen. 2017 starb Peter Strelzyk.

Die Witwe, die beiden Söhne sowie die Wetzels trafen sich bei der Münchner Premiere. Mit dem älteren Strelzyk-Sohn vereinbarte Wetzel, gelegentlich gemeinsam in Schulen und Vereinen von den Ereignissen zu erzählen: »Mit dem Start dieses klasse Films hat das steigende Interesse an der DDR noch einmal einen richtigen Schub bekommen«, verrät Wetzel im Interview. Die DDR-Geschichte sei wichtig für Menschen in den alten und neuen Bundesländern: »Was geschehen ist, sollten wir nicht in Vergessenheit geraten lassen.«

Seit einigen Jahren ist Wetzel als Zeitzeuge unterwegs; 2018 tritt er erstmals in den neuen Bundesländern auf – in seinem Geburts- und Heimatort Grobengereuth bei Pößneck. »Da hatte ich so eine gewisse Art von Lampenfieber«, bekennt er und fasst seine damaligen Gedanken im Interview zusammen: »Hoffentlich sagen die jetzt nicht: ›Was erzählst du denn da für einen Scheiß!‹« Aber der Thüringer erntet einhellige Zustimmung, als er das Leben in der Diktatur beschreibt – ebenso ergeht es ihm in Schulen, wenn Lehrer ihm zuhören, die die DDR noch kennen. Auch die Schüler wollen alles über ihn wissen. Zu ihnen sagt der Ballonkonstrukteur: »Wir leben hier frei und können unsere Meinung sagen, das ist keine Selbstverständlichkeit.«

Bei Veranstaltungen kriegt er auch folgenden Satz immer wieder mal zu hören: »Die Flucht mit kleinen Kindern war verantwortungslos.« Er erwidert dann: »Wir sind damals davon ausgegangen, dass das eine sichere Möglichkeit ist.« Heute sieht der 64-Jährige das anders. Er wägt seine Worte sorgsam ab, ehe er resümiert: »Ich bin froh, dass wir das getan haben. Aber ich würde nicht wieder in so einen Ballon steigen. Es ist eigentlich unmöglich, nachts zu laden. Wir hatten einfach Glück, dass alles gut gegangen ist.«

Die Reaktion der Stasi auf die Ballonflucht

Dass die zwei Familien sich auf dem Luftweg davonmachen konnten, bedeutete eine herbe Schlappe für das Ministerium für Staatssicherheit. Das MfS setzte nun alle Hebel in Bewegung, um das »ungesetzliche Verlassen« der DDR künftig zu unterbinden. In einem Stasidokument von 1985 hieß es, dass »spektakuläre Grenzdurchbrüche mit Ballons und anderen Fluchtgeräten« dem Gegner zur »Hetze gegen die DDR« und »Darstellung der angeblich unmenschlichen Verhältnisse in der DDR« dienen. Von September 1979 bis Dezember 1984 verhinderte die Stasi alle der insgesamt 72 Fluchtversuche mit Ballons und anderen Fluggeräten und nahm dabei 151 Personen fest.

»Man singt sich die eigene Angst von der Seele«

Wolf Biermann
(*1936)
prangerte in seinen Liedern die Diktatur an
und wurde ausgebürgert

Sein verbales Gefecht gegen das Zwangssystem befeuerte die Andersdenkenden im Land. Die Sozialistische Einheitspartei Deutschlands wollte Wolf Biermann 1965 stoppen – mit einem Totalverbot. Doch die Texte des Aufmüpfigen verbreiteten sich illegal im Land sowie im Westen.

1976 kämpfte die machtstrotzende Partei mit den härtesten Bandagen gegen ihren Gegenspieler. Nach seinem Konzert in Köln entzog sie ihm die DDR-Staatsbürgerschaft. Namhafte Künstler und DDR-Bürger revoltierten gegen die Entscheidung. Damals wie heute erhebt der mehrfach ausgezeichnete und international gefragte Lyriker und Liedermacher seine Stimme im gesellschaftspolitischen Diskurs.

Schwer wie Gesteinsbrocken scheinen sie für Wolf Biermann zu sein – seine ureigenen Worte. Mühevoll stößt er sie aus seiner Brust hervor: »In China! In China!« Sekundenlange Pause. Er holt tief Luft und brüllt: »In Chiiina, hinter der Mauer!« (→ Glossar, S. 143 f.) Jede Refrain-Silbe von 1966 pfeffert der Sänger ins Publikum. Er lamentiert: »Wo wird das Volk wie Vieh regiert / Verdummt, entmündigt und kastriert / Damit es schuftet und pariert.« In seinem Klagelied *In China hinter der Mauer* greift er natürlich nicht China, sondern seinen heimatlichen Mauerstaat an: »Und wo, mein Freund, wirst du geschasst / Hat mal ein Spitzel aufgepasst / Und wo verfaulst du dann im Knast??«

Scharfzüngig, scharfsinnig, heftig und deftig sind seine Verse. Darin spricht Biermann den einst in der Diktatur unterjochten Menschen aus der Seele. Im Gehörgang des Zuhörers setzt es sich immer noch fest, sein herrschaftskritisches Wolfsgeheul aus vergangenen Zeiten. 2014 löst der 77-Jährige wahre Beifallsstürme aus bei der »Obrigkeit und Untrigkeit«, wie er witzelt. Bundeskanzlerin Angela Merkel, Bundestagspräsident Norbert Lammert, ehemalige Bürgerrechtler und Fans huldigen dem Wortschöpfer im Berliner Ensemble – am Vorabend des 25. Jahrestags des Mauerfalls (→ Glossar, S. 144); 61 Jahre nach seiner Übersiedlung von seiner Geburtsstadt Hamburg in die DDR.

Als »Kommunistenkind« lag es »in der Logik« seiner Erziehung, selbst Kommunist zu werden, davon ist er überzeugt: Seine Großeltern mütterlicherseits sowie seine Eltern waren Kommunisten. Seinen Vater, den jüdischen Widerstandskämpfer Dagobert Biermann, ermordeten die Nazis im Konzentrationslager Auschwitz. Sämtliche Familienmitglieder töteten sie in Minsk.

In sein »Arbeiter- und Bauern-Paradies« kam der Arbeitersohn Wolf 1953 – um zu lernen, wie man den Kommunismus aufbaut und »die Menschheit rettet«. Dass der Weg zum Kommunismus durch Repression und Mord in die »schlimmsten Höllen« führt, dämmerte ihm erst Jahre später im Westen. Einst glaubte er an eine kommunistische Gesellschaft, »in der alle Menschen Brüder sind, in der es keine Ausbeutung mehr gibt, keine Klassenunterschiede, deswegen auch keine Unterdrückung«.

1965 darf Biermann zu Konzerten in den Westen reisen. In Westberlin gibt er seinem Freund Wolfgang Neuss sein *Deutschland, ein Wintermärchen, Kapitel I.* Kabarettist Neuss veröffentlicht die Verse in seinem satirischen Blatt – ohne Biermann vorher zu fragen. Die Folge für Biermann: das Totalverbot. Biermann zitiert aus seinem *Wintermärchen* im Berliner Ensemble: »Manch einer warf sein junges Fleisch / In Drahtverhau und Minenfeld / Durchlöchert läuft der Eimer aus / Wenn die MP von hinten bellt.« Leise brummelt er die Worte. Nachdenklich. Plötzlich stockt er, mitten im Text, nach den Worten »Die DDR, mein Vaterland«. Er schiebt seinen Kommentar ein: »Das meinte ich heilig ernst«, so als vermute er eine ganze Heerschar von Skeptikern in den Reihen. Ein angedeutetes Lächeln macht sich unter seinem dichten Schnauzbart breit, als er hinzufügt: »Das ist ja das Komische, aber auch das Schöne.«

Der Liedermacher erinnert sich daran, wie die Genossen in der DDR ihm den Maulkorb umschnallten. Es habe zwei Möglichkeiten gegeben, darauf zu antworten, meint er im Theater: »Entweder man zieht den Schwanz ein oder man wird frecher.« Angriffslustig blitzen seine Augen hinter den Brillengläsern.

Beim Konzert im Berliner Ensemble schrubbt der Musiker die Saiten seiner Klampfe und tönt in seiner *Stasi-Ballade* von 1967: »Menschlich fühl ich mich verbunden / mit den armen Stasi-Hunden / die bei Schnee und Regengüssen / mühsam auf mich achten müssen.« Den Schreibmaschinentext fand er später in seiner Stasiakte, wie er seinem Publikum verrät. Mit Fingergymnastikübungen imitiert er feixend den eifrig tippenden Stasitreuen. »Dabei dachte er schöpferisch mit«, seine Version sei an einer Stelle »besser als das Original«, lobt der Lyriker und lacht schallend dabei. Bei Biermann heißt es: »Die Stasi ist mein Eckermann« – in Anspielung auf den Goethe-Vertrauten. In der Notiz des Mannes vom Ministerium für Staatssicherheit stand »Henkersmann«. Gelächter in den Reihen.

Spitzel (→ Glossar »Inoffizieller Mitarbeiter (IM) des Ministeriums für Staatssicherheit (MfS)«, S. 142) versammelten sich einst vor dem Haus des wehrhaften Barden in der Ostberliner Chausseestraße 131, überwachten ihn rund um die Uhr, versteckten Abhörmikrofone in seiner Wohnung. Sein Unbehagen zügelte sein Mundwerk keineswegs, wie er beim Konzert bekennt: »Man singt sich die eigene Angst von der Seele.«

1976 setzte das MfS seinen jahrelang gehegten Plan um, ihn »bei einer herbeizuführenden propagandistisch günstigen Gelegenheit in den Westen zu entsorgen«, so Biermann in seiner Autobiografie. Im Oktober erhielt der Regimekritiker die Genehmigung zu seiner Westreise im November. Mit Freunden diskutierte er vor der Abreise die Frage, ob die »Obergenossen« ihn danach wieder »reinlassen« würden. Biermann ging das Wagnis ein, bewies Mut, »auch aus der Angst vor dem Ängstlichsein«. Die Reiseerlaubnis war in der Tat kein Entgegenkommen, sondern Kalkül. Denn in einem Stasibericht vom Oktober hieß es: Da zu erwarten ist, dass Biermann »feindliche Angriffe gegen die DDR vorträgt, sollte dies [...] als grobe Verletzung seiner staatsbürgerlichen Pflichten betrachtet werden«. So könnte ihm »die Staatsbürgerschaft der DDR gemäß Paragraf 13 Staatsbürgerschaftsgesetz aberkannt und die Wiedereinreise verwehrt werden« (→ Glossar »Justiz«, S. 142 f.).

Mit stehenden Ovationen feierten 6500 Menschen beim Kölner Konzert den Liedermacher. Der Künstler griff den Staat an, trat aber auch für ihn ein. Er redete frech daher, aber nicht zu frech. Drei Tage später wurde die von der IG Metall veranstaltete Vorstellung in der Sporthalle vom Westfernsehen (→ Glossar, S. 148) übertragen.

Die Ausbürgerung erfolgte am 16. November 1976, drei Tage nach seinem Kölner Konzert. Die Meldung verbreitete die DDR-Nachrichtenagentur ADN. Jemandem während eines legalen Aufenthalts in einem anderen Staat die DDR-Staatsbürgerschaft zu entziehen, war etwas völlig Neues. Keine DDR-Richtlinie sah so einen Schritt vor. Der Ausgewiesene versuchte, das aufgezwungene Exil zu beenden, verlangte die Rücknahme der Entscheidung – ohne Erfolg.

Die kritische Intelligenz der DDR begehrt auf. Zwölf Künstler wie beispielsweise Christa Wolf, Sarah Kirsch, Günter Kunert, Heiner Müller und Jurek Becker formulieren eine Petition. Darin stand unter anderem: »Biermann hat selbst nie, auch nicht in Köln, Zweifel darüber gelassen, für welchen der beiden deutschen Staaten er, bei aller Kritik, eintritt. Wir protestieren gegen seine Ausbürgerung und bitten darum, die beschlossene Maßnahme zu überdenken.« Die *Tagesschau* berichtet darüber – so schwappt die Welle dieses Widerstands über den Umweg des Westens zurück in die DDR. Sie wütet und erschüttert die Grundfesten des Staates. Denn nicht Einzelne revoltieren lautstark, sondern eine Gruppe erhebt ihre Stimme. Attackiert damit die Autorität des Regimes. Sagt der Allmachtspartei den Kampf an; direkt und öffentlich. Belastet damit das ohnehin angespannte Verhältnis von Staat und Künstlern. Denn die SED räumt den Intellektuellen zwar Rechte ein, versucht aber gleichzeitig, wortgewaltige Kritiker im Zaum zu halten. Fast hundert Personen setzen ihren Namen unter den Protest, darunter Eva-Maria und Nina Hagen, Katharina Thalbach, Manfred Krug und Armin Mueller-Stahl. Weil die Zeitungen der DDR sich weigern, die Liste zu veröffentlichen, wird sie über die Westmedien in der DDR verbreitet.

Einige parteikonforme Künstler bekunden aber auch ihren Beifall, veröffentlicht in den DDR-Medien. Und die loyale Mehrheit des Schriftstellerverbands verurteilt die Widerständigen. Unter dem Druck ziehen einige ihre Unterschrift zurück. Uneinsichtige Prominente maßregelt die Staatsmacht unter anderem mit Publikations- und Auftrittsverboten, Verhaftungen und Abschiebungen. Sarah Kirsch, Günter Kunert, Jurek Becker, Manfred Krug, Armin Mueller-Stahl und viele andere sehen sich gezwungen, das Land zu verlassen.

Ihre Kontrolle und Überwachung aller Bevölkerungskreise verstärkte die Stasi jetzt. Denn der Biermann-Beschluss setzte auch in der Öffentlichkeit ein erhebliches oppositionelles Potenzial frei. Die Unzufriedenen schmierten beispielsweise Parolen an Hauswände und Mauern. Drei junge Männer verteilten 500 Flugblätter, wurden dabei erwischt und zu drei bis vier Jahren Haft verurteilt.

Auch stasiintern gärte es: So monierte die Zentrale Auswertungs- und Informationsgruppe des Ministers für Staatssicherheit in einem Schreiben an den Minister unter anderem, »es sei ein Ausdruck der Schwäche, wenn die DDR einen Biermann nicht verkraften könne«. Die Ausbürgerung würde er nicht mehr machen, bekannte Erich Honecker 1982 bei einem Treffen mit einer Delegation der Schweiz in Ostberlin. Helmut Hubacher, Präsident der Sozialdemokratischen Partei der Schweiz, war dabei. Er zitierte die Begründung des Staats- und Parteichefs in einem Text von 2009: Durch die Ausweisung sei Biermann nur noch berühmter geworden und das habe dem Land letztlich geschadet.

Jahre vergingen, bis Biermann im Westen wirklich angekommen war. 1989 erlebte er dann den Mauerfall – fern seiner einstigen Wahlheimat. Er bekannte: »Was jetzt passiert, habe ich 25 lange Jahre herbeigesehnt und herbeigesungen und herbeigeredet.« Auch in seiner Autobiografie dachte er zurück an das »Unfassbare«: »Ich weinte, denn dieses Glück war uns so teuer gekommen. Für zu viele kaputte DDR-Insassen hatte es zu lange gedauert.«

Zwei junge Männer von der Leipziger Sektion »Chanson und Liedermacher« luden ihn zu einem Konzert nach Leipzig ein und das *Neue Forum* kümmerte sich privat um den Veranstaltungsort. Der Minister für Kultur Dietmar Keller verbot den Auftritt, dann gestattete er die Einreise des Künstlers doch noch. Im Kulturministerium entschuldigte sich Keller dann bei Biermann für alles, was ihm »von der DDR angetan wurde«. Das Konzert in der Leipziger Messehalle im Dezember 1989 war für den Musiker »kein Triumph, aber doch eine Genugtuung«.

Am 9. November 2014 steht der einst Ausgebürgerte am Brandenburger Tor. Ein Bürgerfest findet statt – am 25. Jahrestag des Mauerfalls. Mauersteingrau ist der Himmel, eiskalt der Wind. Doch die Zuschauer harren aus, gehen gedanklich mit Biermann mit – in das Jahr 1976. Im Autoradio auf einer Autobahn im Ruhrgebiet erfuhr er von dem staatlichen Entschluss, lässt er sie wissen: »Ich dachte, mein Leben ist zu Ende.«

Dann singt Biermann sein Lied *Ermutigung* von 1966. Bärentief hebt er an: »Du, lass dich nicht verhärten / In dieser harten Zeit / Die allzu hart sind, brechen / Die allzu spitz sind, stechen / Und brechen ab sogleich«. Dann verkündet er: »Man kann es auch heute in der Demokratie gut brauchen.«

Die Folgen der Ausbürgerung von Wolf Biermann im Westen
In der Bundesrepublik und international schlug der Biermann-Beschluss wie eine Bombe ein. Künstlerorganisationen, Parteien und Medien beschossen die Sozialistische Einheitspartei Deutschlands mit scharfer Munition. In Westberlin konstituierte sich in Anwesenheit von Biermann das *Schutzkomitee Freiheit und Sozialismus* – zu den Unterstützern zählten Heinrich Böll, Friedrich Dürrenmatt, Hans Magnus Enzensberger, Max Frisch und Romy Schneider. Die Mitglieder setzten sich für bedrohte und verfolgte DDR-Bürger ein, die wegen ihres Protests gegen die Biermann-Ausbürgerung inhaftiert oder drangsaliert wurden. Doch nicht alle empfingen Biermann im Westen freudig. In der *Welt am Sonntag* stand unter der Überschrift »Der Wolf im Schafspelz«, der Schriftsteller sei aufgrund seiner kommunistischen Prägung »eine ernste Gefahr für die Bundesrepublik«.

»Mut wächst meist, ohne dass man es bemerkt«

Bärbel Bohley

(1945–2010)
stritt erst für DDR-Reformen
und dann für die Aufarbeitung der Diktatur

Mit anderen Frauen wollte sie den »Kreis der Gewalt durchbrechen« in dem repressiven Staat. In den Achtzigerjahren rief die gebürtige Berlinerin eine der ersten außerkirchlichen Oppositionsgruppen in der DDR ins Leben: die Frauen für den Frieden. *Zudem beteiligte sich Bärbel Bohley an der Gründung der* Initiative Frieden und Menschenrechte *(→ Glossar »Charta 77 in der ČSSR«, S. 136f.). Nach ihrer Verhaftung 1988 wurde die bekannte Bürgerrechtlerin für ein halbes Jahr nach England abgeschoben. Im Herbst 1989 begründete sie mit Gleichgesinnten das öffentlichkeitswirksame* Neue Forum.

Sieben Jahre später ging Bärbel Bohley nach Bosnien, half dort bei der Rückkehr von Flüchtlingen. Als sie an Krebs erkrankte, kam sie wieder nach Deutschland. Die Trägerin des Bundesverdienstkreuzes wirkte maßgeblich mit an der Aufdeckung von Vergehen der Staatssicherheit.

Sie starrt ins Leere, die Frau in der Bildmitte. Vertieft scheint sie in ihre Gedanken zu sein, die Menschen um sich herum nicht wahrzunehmen. Die anderen sind nackt wie sie, sitzen in gebeugter Haltung da wie sie. Ihre Gesichter sind nicht klar erkennbar oder wenden sich vom Betrachter ab. Verloren wirken die Personen an diesem Ort.

Niemandsland nennt Bärbel Bohley ihre Grafik – ein Geschenk an Erich Honecker. Die Regimekritikerin hofft, aus dem »Niemandsland« werde durch »neues Denken« Heimat, wie sie in ihrem Begleitbrief 1987 betont. Zudem richtet sie einen Aufruf an den DDR-Staatsratsvorsitzenden: Er möge die Verhältnisse in der DDR so ändern, »dass jeder Mensch seine Meinung öffentlich sagen kann, ohne in seiner Existenz bedroht zu werden«. Der DDR-Politiker erhält das Bild nebst Schreiben bei seinem Staatsbesuch in der Bundesrepublik 1987 – von Petra Kelly (→ Glossar »Westdeutsche Friedensbewegung und ihre DDR-Kontakte«, S. 147 f.), der Grünen-Politikerin und Freundin von Bärbel Bohley.

Couragiert zeigte Bärbel Bohley zeitlebens Gesicht. Schon in der Schule begehrte das »bockige Mädchen« auf und machte sich für schwächere Mitschüler stark. Als Studentin der Malerei zur vormilitärischen Ausbildung verdonnert, weigerte sie sich, an Schießübungen teilzunehmen (→ Glossar »Militarismus im Alltag«, S. 144). Ihre Eltern erzogen sie ganz nach der Überzeugung »Gute und schlechte Menschen gibt es überall, du musst deinen Weg finden«. Der Vater verlor seinen Job als Lehrer, weil er nicht in die Sozialistische Einheitspartei Deutschlands eintreten wollte. Die Eltern verachteten die »Mitläufer vor und nach 1945«. Geheimnisse in der Familie gab es nicht. Auf alle Fragen bekam die Tochter eine Antwort. Und sie wusste: Die Mauer (→ Glossar, S. 143 f.) diente dazu, »einen gefügig zu machen und die Gesellschaft in den Griff zu bekommen«.

In den Achtzigerjahren will Bärbel Bohley die DDR demokratisieren. Mit Verve engagiert sie sich als Gründungsinitiatorin der Gruppe *Frauen für den Frieden*. »Mut wächst meist, ohne dass man es bemerkt. Wenn er in einer existenziellen Situation plötzlich da ist und einem die Freiheit zu selbstbestimmtem Handeln gibt, ist man sehr überrascht«, bekannte die Abweichlerin. Stark fühlt sie sich in der Gemeinschaft. Sie und ihre Verbündeten wollen ihre Geschichte von Solidarität und der Verteidigung der

Menschenwürde schreiben – in einer von »Willkür und Lüge« beherrschten Gesellschaft.

Ihre erste ordentlich Staub aufwirbelnde Aktion: Sie wehren sich gegen das 1982 verabschiedete Wehrdienstgesetz. Denn auch Frauen sollen im Verteidigungsfall an die Waffen. Bärbel Bohley und ihre Mitstreiterinnen verfassen einen Protestbrief an Erich Honecker – 150 Frauen unterschreiben. Darin hieß es unter anderem: »Wir Frauen wollen den Kreis der Gewalt durchbrechen und allen Formen der Gewalt als Mittel zur Konfliktlösung unsere Teilnahme entziehen.« Gegen darauf folgende staatliche Drohgebärden zeigen sich die meisten Frauen immun. Einige beschließen, weiterhin als Frauengruppe für den Frieden einen Dialog mit der Macht zu erzwingen. Der Aufschrei der Pazifistinnen findet seinen Widerhall. In dem SED-Staat entstehen weitere Initiativen von Frauenfriedensgruppen.

Die Mächtigen bestrafen Bärbel Bohley für ihr mutiges Handeln: Die Künstlerin hat quasi Berufsverbot, kriegt keinen Auftrag, kann ihre Werke nicht ausstellen. Doch sie weiß sich zu helfen, verkauft bemaltes Keramikgeschirr.

1983 wurde sie verhaftet – nach einem Treffen mit einer englischen Friedensaktivistin. Sie kam in die zentrale Untersuchungshaftanstalt des Ministeriums für Staatssicherheit nach Hohenschönhausen, Ostberlin. Die Vorwürfe: Landesverrat, Spionage etc. Mit einer Haftstrafe von bis zu zwölf Jahren musste sie rechnen (→ Glossar »Justiz«, S. 142 f.). »Ich komme hier wieder raus, Sie nie«, schleuderte die Frau ihrem Vernehmer entgegen. Ihre Einzelhaft beschrieb Bärbel Bohley als »Kampf um die eigene Würde«. Das bedeutete für sie: »Nicht zeigen, wie schwer das Herz ist, aber sich selbst beweisen, dass man noch einen Willen hatte.« Die Ermittler stellten das Verfahren nach sechs Wochen ein und ließen sie frei – aufgrund einer starken nationalen und internationalen Kritik sowie eines offenen Briefs des Verbands aller Friedensorganisationen Europas an Erich Honecker.

Als im Januar 1988 vor, während und nach der Luxemburg-Liebknecht-Demonstration in Ostberlin Andersdenkende verhaftet werden, richtet Bärbel Bohley ein Kontakttelefon für Angehörige ein und kommuniziert mit Journalisten im Westen. Die Folge: Morgens um fünf Uhr stehen mindestens zehn Leute bei ihr vor der Wohnungstür, fordern sie auf, sich anzuziehen. »Wenn Sie es wagen, mich aus dem Schlaf heraus zu verhaften, haben Sie auch den Mut, mich im Nachthemd mitzunehmen«, empört sie sich. Im Treppenhaus schreit die Dissidentin um Hilfe, niemand öffnet, aber sie hat das Gefühl, alle stünden hinter ihren Türen und hörten zu. Sie landet im Gefängnis in Hohenschönhausen, empfindet »Todesangst« in der Haft. Menschen in der Bundesrepublik, in west- und osteuropäischen Staaten, den USA und Kanada erklären sich solidarisch mit Bärbel Bohley und den anderen eingesperrten Staatsgegnern. In Gottesdiensten in mehr als dreißig Städten der DDR protestieren Bürger für die Freilassungen. Auch außerhalb Europas berichten Journalisten über den Fall.

Aufgrund ihrer Kontakte zu Westmedien (→ Glossar »Westfernsehen und Westradio«, S. 148) lautete der Vorwurf »landesverräterische Agententätigkeit«. Bärbel Bohley weigerte sich, die DDR-Staatsbürgerschaft aufzugeben und in die Bundesrepublik überzusiedeln. Sie wollte in ihrer Heimat weiterhin für Demokratie streiten. Die Vernehmer drohten mit einer Haftstrafe von bis zu zehn Jahren. Aus einer »inneren Panik« heraus stimmte sie zu, sich für ein halbes Jahr nach England abschieben zu lassen – unter staatlichem Zwang und gegen ihren ausdrücklichen Wunsch, in der DDR zu bleiben. Gregor Gysi sowie der später als Inoffizieller Mitarbeiter (→ Glossar, S. 142) der Stasi enttarnte Wolfgang Schnur vertraten sie anwaltlich.

Die Gefangenschaft und das Zwangsexil können Bärbel Bohleys Seele nicht zerstören, weil Frauen diesseits und jenseits der Mauer sie unterstützen. Im August 1988 kommt sie wieder in die DDR. Sie kriegt die Auflage, sich nicht mehr politisch zu betätigen, hält sich aber nicht daran. Mit Gleichdenkenden gründet sie im September 1989 das *Neue Forum* und propagiert eine Demokratisierung »von unten«. Sie motiviert die Menschen, selbst aktiv zu werden und ihren Unmut zu bekunden. Eine überaus breite Resonanz erfährt das *Neue Forum* mit seinem Appell »Aufbruch 89«. In Bärbel Bohleys Ostberliner Atelier – einem der Zentren der Friedens-, Umwelt-, und Menschenrechtsbewegung in der DDR – bewältigen extra angeheuerte Büromitarbeiter den Ansturm: Das Telefon klingelt ständig. Interessenten studieren die Flugblätter und Erklärungen auf den Tischen und setzen ihre Namen unter den Aufruf. Bis Oktober 1989 kommen mehr als 200.000 Unterschriften zusammen. Die Menschen in der DDR spüren, dass die Zeit reif ist für Veränderungen. »Wir waren der Tropfen, der das Fass zum Überlaufen brachte«, so Bärbel Bohley.

Als die DDR-Bürger am 9. November 1989 die Mauer (→ Glossar »Mauerfall«, S. 144) stürmten, entfuhr es Bärbel Bohley: »Die Menschen sind verrückt, und die Regierung hat den Verstand verloren.« Vier Jahre später erläuterte sie: »Wir wollten Veränderung – an eine Revolution hat damals eigentlich niemand gedacht – wir wollten wirkliche Reformen innerhalb der DDR. Dabei ist das ganze System gekippt, weil es schon total ausgehöhlt war. Die Revolution haben die anderen gemacht, und das ist auch richtig. Ich war nur ein Symbol, das die Medien gebraucht haben. [...] Die wirklich wichtigen Leute waren im Herbst 1989 die, die auf die Straße gegangen sind und ihre Angst überwunden haben.«

Beharrlich kämpft Bärbel Bohley für die Aufarbeitung der Stasiverbrechen. Ehemalige Oppositionelle plädieren dafür, die Stasiakten aufzubewahren und für die Aufklärung von DDR-Unrecht zu nutzen. Die Volkskammer verabschiedet schließlich ein Gesetz über die Sicherung und Nutzung der personenbezogenen Daten des ehemaligen Ministeriums für Staatssicherheit / Amt für Nationale Sicherheit. Als Bundesinnenminister Wolfgang Schäuble und DDR-Staatssekretär Günther Krause diesbezügliche Modifizierungen für den Einigungsvertrag (→ Glossar »Wiedervereinigung«, S. 148 f.) ausarbeiten lassen, machen Bürgerrechtler mobil. Es geht ihnen gehörig gegen den Strich, dass die Politiker das Gesetz der Volkskammer übergehen. Im September 1990 besetzen Bärbel Bohley und Freunde die ehemalige MfS-Zentrale in Ostberlin und treten in den Hungerstreik. Ihr Erfolg: Eine Zusatzvereinbarung im Einigungsvertrag berücksichtigt das Volkskammergesetz umfassend. »Wenn wir diese Akten nicht behalten und geöffnet hätten, könnte man heute in Ost und West behaupten, es war doch alles halb so schlimm«, so Bärbel Bohley 2009. Über die bundesdeutsche Strafjustiz sagte sie: »Wir wollten Gerechtigkeit und haben den Rechtsstaat bekommen.« Nach Aussage ihres Weggefährten Ehrhart Neubert kritisierte sie damit die Rechtspraxis, welche die Opfer der Diktatur weithin ignorierte, aber den Tätern mildernde Umstände zubilligte.

1996 rief Bärbel Bohley mit Mitstreitern das *Berliner Bürgerbüro* ins Leben – den *Verein zur Aufarbeitung von Folgeschäden der SED-Diktatur.* Sie traf Bundeskanzler Helmut Kohl, der in Rheinland-Pfalz eine Einrichtung für Bürgerberatung geschaffen hatte. Kritisch beäugten ehemalige Oppositionelle die Begegnung, monierten die Zusammenarbeit mit der politischen Macht. Bärbel Bohley konterte, genau das habe etwas bewirkt, nämlich die Vereinsgründung. Kohl gehörte zu den Gründungsmitgliedern. Das *Bürgerbüro* existiert noch heute.

In einem Interview 1996 lässt Bärbel Bohley den Herbst 1989 Revue passieren. Damals habe die Mehrheit im Lande gesagt, »wir wollen keine Bohley, wir wollen kein *Neues Forum*, sondern die CDU und die Wiedervereinigung«. Selbstkritisch fügt sie hinzu: »Wir haben unseren Einfluss damals nie richtig wahrgenommen. Das war unser Fehler. [...] Wir hätten Helmut Kohl anrufen sollen, um ihm zu sagen: O. K., die Wiedervereinigung steht vor der Tür, da wollen wir mitreden.«

Neues Forum
»Wir wollen vor Gewalt geschützt sein und dabei nicht einen Staat von Bütteln und Spitzeln ertragen müssen«, so die Botschaft in dem Gründungsaufruf des *Neuen Forums* vom September 1989. Zudem äußerten die Mitglieder der »politischen Plattform für die ganze DDR« in ihrem »Aufbruch 89« den Wunsch, eine größere Anzahl von Menschen möge am gesellschaftlichen Reformprozess mitwirken. Als »staatsfeindlich« und »illegal« lehnte das Innenministerium den Antrag des *Neuen Forums* auf Zulassung als politische Vereinigung zunächst ab. Auf Druck von Demonstranten tolerierten die Behörden schließlich die für freie und demokratische Wahlen (→ Glossar, S. 147) eintretende Widerstandsvereinigung mit dem stärksten Zulauf. 1990 spaltete sich die Deutsche Forumspartei vom *Neuen Forum* ab. Das *Neue Forum* schloss sich mit anderen Oppositionsgruppen im *Bündnis 90* zusammen.

Bürgerbüro e. V. – Verein zur Aufarbeitung von Folgeschäden der SED-Diktatur
Das *Bürgerbüro* setzt sich seit 1996 für Betroffene von politischer Verfolgung in der DDR ein, informiert sie unter anderem über Rehabilitierungs- und Entschädigungsmöglichkeiten, berät sie und vermittelt Kontakte zu psychologischen Beratungsstellen. Zudem gehört der Verein zu einem Netzwerk zur Aufarbeitung der kommunistischen Diktaturen.

Bürgerbüro e. V. – Verein zur Aufarbeitung von Folgeschäden der SED-Diktatur, Marienfelder Allee 66/80, c/o Erinnerungsstätte Notaufnahmelager Marienfelde, 12277 Berlin, www.buergerbuero-berlin.de

»Ich war das, was man eine Überzeugungstäterin nennt«

Melanie Weber

(1939–2011)

unterstützte Häftlinge und ging gegen das Vergessen an

Ende der Sechzigerjahre schrieb Melanie Weber verfassungskritische Flugblätter und verteilte sie in ihrer Heimatstadt Freiberg in Sachsen. Knapp zwanzig Jahre später spendete sie DDR-Gefangenen Trost. Im Westen machte sie sich für den Freikauf (→ Glossar, S. 138f.) ihrer Schützlinge stark. Denn mit ihrem Pass für Invalidenrentner durfte die krebskranke Frau die DDR-Grenzkontrollen passieren. Mindestens vierzehn Namen kamen dank ihrer Hilfe auf die Freikauflisten der Bundesrepublik. Nach der Wiedervereinigung (→ Glossar, S. 148f.) stritt die Trägerin des Bundesverdienstkreuzes für die Aufarbeitung der Diktatur.

Melanie Weber lehnt den Kopf an das Polster im Zugabteil, schließt die Augen. Ruft sich Namen in Erinnerung. Geburtsdaten. Geburtsorte. Noch wenige Minuten, dann ist die Frau am Ziel. Sie kramt kleine Notizzettel heraus. Schicksale von DDR-Inhaftierten sind auf den zerknüllten Papieren zusammengefasst, in wenigen Zeilen. Ihre Augen fixieren die Kurzschrift. Die Stenotypistin speichert alles in ihrem Gehirn: jedes Wort, jede Zahl. Erst das Quietschen der Wagenräder schreckt sie auf. Der Zug erreicht den Bahnhof in Westberlin. Melanie Weber trifft ihre Kontaktperson, betet flugs die Informationen herunter, dann trennen sich die beiden. Sie nimmt die nächste Bahn nach Ostberlin, ihr Vertrauensmann gibt die Daten weiter ans innerdeutsche Ministerium. Von dort kommen sie auf die Freikauflisten.

»Ich war das, was man eine Überzeugungstäterin nennt«, so Melanie Weber nach der Wiedervereinigung über ihre Kurierfahrten: »Wenn es einmal gut geht, versucht man es ein zweites Mal, und ein drittes ...« Andererseits ist da auch die »Angst, dass sie mir auf die Schliche kommen, dass sie mich eines Morgens abholen und ich für Jahre im Gefängnis verschwinde.«

Wenn die Westreisende nach Hause kam, kniete sie sich immer vor der Tür hin, schloss dann erst auf. Sie fürchtete Eindringlinge, die sie in der Wohnung niederschlagen könnten. Aber das geschah nicht. »Ich habe einen Schutzengel gehabt. Und eine unverschämte Naivität, dass es schon irgendwie gut gehen würde.«

»Diese Gefangenen müssen da raus« – dieses Ziel verfolgte Melanie Weber bei ihren waghalsigen Unternehmungen. Sie wollte diese »armen Menschenkinder« nicht im Stich lassen. Besonders für schwer kranke politische Häftlinge setzte sie sich ein.

Kontakte zu den Insassen erhielt sie über Brieffreundschaften, vermittelt von einem Sozialfürsorger in Dresden. Überlebensnotwenig war für die Einsamen ein Bezug nach draußen. Damit sie ihren Lebensmut nicht verloren. Aufmunternde Briefe schrieb ihnen Melanie Weber. Sorgsam formulierte sie jeden Satz, zu groß war die Gefahr, dass die Schreiben abgefangen wurden. Das Gefühl, gefangen zu sein, empfand Melanie Weber selbst im Jahre 1961 – als die Mauer (→ Glossar, S. 143 f.) errichtet wurde.

Sieben Jahre später wird sie politisch aktiv: Die neue Verfassung der DDR (→ Glossar »Justiz«, S. 142 f.) missfällt ihr – denn sie soll unter anderem den Führungsanspruch der Sozialistischen Einheitspartei Deutschlands rechtlich sichern. Als ein Volksentscheid ins Haus steht, geht sie in die Offensive: Auf ihrer Reiseschreibmaschine tippt sie Flugblätter und wirft sie in Briefkästen in Freiberg. Die Verfasserin fordert die Empfänger auf, gegen das Grundgesetz zu stimmen.

Die Folge für Melanie Weber: Das Ministerium für Staatssicherheit spioniert sie aus, kann ihr aber nichts nachweisen. Sie macht weiter, schreibt Texte staatskritischer Schriften ab und fotografiert verbotene Bücher ab. Freiberger Bürger bringen die Exemplare in Umlauf. Melanie Weber fliegt damit auf, muss zum Verhör, kommt danach aber wieder frei.

Erst im Zuge ihrer Kurierdienste in den Westen geht die Stasi massiv gegen die kämpferische Frau vor – mit Zersetzungsmaßnahmen, die bezwecken, ihre Persönlichkeit zu beschädigen oder zu zerstören. Die Stasi streut Gerüchte, die Alleinerziehende habe Sex mit ihrem Sohn Ullrich. Auch dem Jungen schadet das MfS. Er bekommt keine Lehrstelle in einem staatlichen Betrieb. Schließlich stellt ihn ein befreundeter Tischlermeister privat ein und bildet ihn aus. 1984 lassen die DDR-Behörden Ullrich nach Stuttgart ausreisen. Denn sie glauben, dass seine Mutter ihm folgen würde. Aber die Schwerkranke wagt keinen Neuanfang im Westen. Ullrich darf nicht zu Besuch in die DDR einreisen, ein harter Schlag für die Sächsin.

Melanie Weber bot nach dem Mauerfall (→ Glossar, S. 144) ihre ganze Kraft auf für die Aufarbeitung der DDR-Geschichte. Ihr Engagement rief ihre Widersacher immer wieder auf den Plan. In anonymen Anrufen und Briefen prophezeiten sie der Freiberger Bürgerpreisträgerin: »Wir kriegen dich noch. Bald geht's wieder anders rum, dann machen wir dich fertig.« Drohungen schüchterten Melanie Weber nicht ein: Zum fünfzigsten Jahrestag des Volksaufstandes vom 17. Juni 1953 trat sie beispielsweise dafür ein, dass in Freiberg eine Gedenktafel zu Ehren der Streikenden von einst enthüllt wurde.

»Die jungen Leute sollen begreifen, was Diktatur heißt«, betonte Melanie Weber. Deshalb organisierte sie Schulveranstaltungen im ehemaligen Gefängnis in Freiberg und Zeitzeugengespräche in ihrem Verein *Forum 91 Freiberg*.

Melanie Webers »Beispiel zeigt, wie auch der Einzelne – ohne Beziehungen und Einfluss – sehr wohl Einfluss nehmen konnte auf die Gesellschaft, sogar unter den schwierigen Bedingungen der DDR-Diktatur«, sagte Lutz Rathenow, Sächsischer Landesbeauftragter zur Aufarbeitung der SED-Diktatur, über die 2011 Verstorbene.

Der Liedermacher Wolf Biermann lobt im Nachruf seine »liebe Freundin« Melanie Weber als »eine der mutigsten und eigenwilligsten Widerstandskämpferinnen in der DDR-Diktatur«, lehnte sich die Krebskranke doch auf gegen »den politischen Krebs in der DDR-Gesellschaft«. In seinem Gedächtnis »blüht sie als die schönste zertretene Blume in diesem sächsischen Garten hinter dem verrosteten Stacheldraht«.

Freikauf

Insgesamt 33.755 politische Häftlinge kaufte die Bundesrepublik aus der DDR frei. Von 1963 bis 1989 wandte sie fast 3,5 Milliarden D-Mark dafür auf. Beide Staaten bemühten sich um Geheimhaltung. Die DDR nannte den Freikauf »Sondergeschäft«, die Bundesrepublik sprach von »besonderen Bemühungen im humanitären Bereich«.

Die Reisebusse mit den freigekauften Gefangenen fuhren auf DDR-Gebiet mit DDR-Kennzeichen, in der Bundesrepublik mit westdeutschen. Der Fahrer musste lediglich einen Knopf am Armaturenbrett drücken, um die Nummernschilder zu wenden.

Bundesdeutsche Medien thematisierten den Freikauf immer wieder: Journalisten erkannten dessen Notwendigkeit und humanitäre Berechtigung an. Es gab aber auch Stimmen, die den »Menschenhandel« brandmarkten. Die Berichte führten – neben privaten Kontakten zwischen Ost und West – dazu, dass DDR-Bürger über den »Loskauf« von Gefangenen Bescheid wussten (→ Glossar »Westfernsehen und Westradio«, S. 148).

»Die Universität ist keine Parteiinstitution«

Georg Wrazidlo
(1917–1959)
protestierte gegen den sowjetischen Einfluss an den Hochschulen

Gegen zwei Diktaturen opponierte der christlich erzogene Arbeitersohn: In den Vierzigerjahren war der gebürtige Oberschlesier Anführer einer antifaschistischen Studentenbewegung an der Universität in Breslau. Die Nazis steckten ihn deshalb ins Konzentrationslager. Nach Kriegsende leitete der Medizinstudent die Studentische Arbeitsgemeinschaft *in Berlin. Mit seinen Kommilitonen kämpfte Georg Wrazidlo gegen die Sowjetisierungstendenzen an den Hochschulen.*

Das Sowjetische Militärtribunal verurteilte ihn 1948 zu 25 Jahren Zwangsarbeit. Nach acht Jahren aus der Haft entlassen, beendete Georg Wrazidlo an der Freien Universität Berlin sein Medizinstudium. In den Neunzigerjahren wurde er rehabilitiert.

»Wir Studenten, die wir in dieser Notzeit studieren dürfen, werden mit unserer ganzen Kraft darum ringen, dass die Wissenschaft nie wieder zum Werkzeug politischer Verbrecher erniedrigt wird. Die Zukunft wird unsere Zukunft sein. Sie zu gestalten, wollen wir mithelfen und wollen zu festen Stützen des neuen demokratischen Deutschland werden«, verkündet Studentensprecher Wrazidlo 1946 bei der Eröffnung der Universität Berlin im sowjetischen Sektor.

Die Sowjetische Besatzungszone (SBZ) bestand von 1945 bis zur DDR-Staatsgründung am 7. Oktober 1949 (→ Glossar

»Gründung der Deutschen Demokratischen Republik (DDR)«, S. 140f.). Für die Entwicklung der SBZ kam der Sowjetischen Militäradministration in Deutschland (SMAD) eine starke Bedeutung zu. Sie setzte die Interessen der Sowjetunion durch, lenkte unter anderem den Neuaufbau der Wirtschaft und Politik. In ihrer Zone baute die sowjetische Besatzungsmacht ihr Herrschaftssystem aus.

Als ihr verlängerter Arm agierte die Sozialistische Einheitspartei Deutschlands. Zu ihrer Konkurrenz avancierte die Christlich-Demokratische Union (CDU) in der zweiten Jahreshälfte 1946. Bei der Wahl zur Stadtverordnetenversammlung in Berlin übertrumpfte die CDU die SED. Wenige Monate zuvor hatte die SED auf ihre Vormachtstellung im Parteiensystem der SBZ gepocht. Damit hatte sie unter anderem die Christdemokraten gegen sich aufgebracht.

Wrazidlo ist Sprecher der CDU-Hochschulgruppe. In die Offensive geht er, als am 1. Mai 1946 eine rote Fahne und ein SED-Emblem am Hochschuleingang prangen. Gemeinsam mit Studienkollegen übergibt er dem Rektor und der Öffentlichkeit wenige Tage später eine Erklärung. Darin beschweren sie sich, dass »an der Universität Fahnen und Symbole politischer Parteien gezeigt werden. Die Universität dient der Wissenschaft und Bildung und ist keine Parteiinstitution. Wir bitten, in Zukunft von der Anbringung derartiger Symbole Abstand zu nehmen.« Die Folge: Wrazidlo verliert seinen Posten als Vorsitzender der *Studentischen Arbeitsgemeinschaft*.

Was die meisten Studierenden von der SED halten, demonstrieren die Ergebnisse der Studentenratswahl 1947: Die SED erhält bei der ersten Abstimmung im Februar nur drei von 28 Sitzen und bei der zweiten Entscheidung im Dezember nur drei von dreißig Sitzen.

Mit Unterstützung der SMAD wird die Deutsche Zentralverwaltung für Volksbildung eingerichtet – aus der später das Ministerium für Volksbildung hervorgeht. Grundlegend baut die Sowjetische Militäradministration gemeinsam mit der SED die Hochschulen um, die Studenten fortan ideologisch infizieren sollen. Ein Absolvent muss nicht nur fachlich fit sein, sondern auch linientreu.

Die SED verstärkt ihren Einfluss auf Lehre, Forschung und die Zulassung der Studenten. Als Studentenvertreter der Medizinischen Fakultät verhilft Wrazidlo einigen jungen Menschen zu einem Studienplatz. Zudem wendet er sich gegen den sowjetischen Einfluss an den Hochschulen und pflegt den Kontakt zum Kreis um einen amerikanischen Hochschuloffizier.

Das rief die SMAD und die Deutsche Zentralverwaltung für Volksbildung auf den Plan. 1947 wurde der Dreißigjährige verhaftet. Wrazidlo bewahrte seine aufrechte Haltung – auch in den Verhören: Die Namen seiner Mitstreiter verriet er nicht. Der Studentenrat hatte kein ordentliches Gerichtsverfahren für den Hochschüler durchsetzen können. Zu 25 Jahren Zwangsarbeit verurteilte ihn das Sowjetische Militärtribunal in Berlin-Lichtenberg – wegen angeblicher Spionage und antisowjetischer Bestrebungen.

Die Sowjetischen Militärtribunale (SMT) verfolgten Täter des Nationalsozialismus, aber auch politische Gegner des Besatzungsregimes – und das weitaus brutaler als die Militärtribunale in den westlichen Besatzungszonen. Als Beweise galten die Verhörprotokolle der Untersuchungsorgane. Verteidiger und Entlastungszeugen waren nicht zugelassen. In der Regel drohten den Verurteilten 25 Jahre in einem Arbeitslager. Zwischen 1947 und 1950 existierte keine Todesstrafe in der UdSSR. Doch in den folgenden fünf Jahren vollstreckten die Sowjetischen Militärtribunale ungefähr 950 Todesurteile.

Wrazidlo muss im Zuchthaus Bautzen einsitzen. Gegen unmenschliche Haftbedingungen setzen sich die Eingesperrten 1950 zur Wehr. Diese größte Gefangenenrevolte im DDR-Strafvollzug wird brutal niedergeschmettert. Wrazidlo leistet ärztliche Unterstützung. Auch in der Strafvollzugsanstalt Brandenburg-Görden kümmert er sich um kranke Mitinhaftierte. 1958 erhält er für seinen Einsatz als Gefangenen-Hilfsarzt das Bundesverdienstkreuz. Heute erinnert ein Gedenkstein am Berliner Zentralfriedhof Friedrichsfelde an ihn als eines der »Opfer des Stalinismus«.

Bautzener Gefängnisse
Unter Hunger, Kälte und Krankheiten litten die Inhaftierten im ehemaligen sowjetischen Speziallager Bautzen. Auf engstem Raum mussten sie ausharren. Im März 1950 wagten sie den ersten Häftlingsaufstand der DDR – die Volkspolizei schlug ihn auf barbarische Weise nieder. In Bautzen I, im Volksmund auch »Gelbes Elend« genannt, und im Stasigefängnis Bautzen II wurden während des Naziregimes, der sowjetischen Besatzungszeit und der SED-Diktatur Menschen aus politischen Gründen eingekerkert. An diesem Ort ehrt heute eine Gedenkstätte die einstigen Insassen.

Glossar

Blockparteien
In der DDR waren ab 1949 außer der Sozialistischen Einheitspartei Deutschlands (SED) vier weitere Parteien zugelassen: die Christlich-Demokratische Union (CDU), die Liberal-Demokratische Partei Deutschlands (LDPD), die National-Demokratische Partei Deutschlands (NDPD) und die Demokratische Bauernpartei Deutschlands (DBD). Eine pluralistische Demokratie sollten sie unter anderem vortäuschen. Die SED funktionierte diese Parteien in einem mehrjährigen Prozess zu ihren Erfüllungsgehilfen um und schloss sie zu diesem Zweck unter einem Dachverband, dem »Demokratischen Block«, zusammen. Ohne dessen Einverständnis durften die einzelnen Parteien keine Entscheidungen treffen. Im Volksmund nannte man die Blockparteien auch abwertend »Blockflöten«.

Charta 77 in der ČSSR
1977 entstand die Bürgerrechtsbewegung Charta 77 in der Tschechoslowakischen Sozialistischen Republik (ČSSR). Der spätere tschechische Staatspräsident Václav Havel zählte zu den Gründungsmitgliedern.

Als Vertretung der Öffentlichkeit forderte die Charta 77 unter anderem die Achtung der Menschenrechte ein, machte sich für die Meinungsfreiheit stark und veröffentlichte Dokumente zu Rechtsverstößen staatlicher Organe. Die Regierung reagierte darauf mit Unterdrückungsmaßnahmen: Mitglieder der Bürgerinitiative verloren ihre Arbeit oder wurden eingesperrt.

Die Gruppe Charta 77 blieb dennoch bestehen und leistete einen bedeutenden Beitrag zur Samtenen Revolution in der ČSSR; als »samten« wurde sie bezeichnet, weil die Herrschenden schon nach wenigen Tagen friedlichen Protests einlenkten.

Die Charta 77 inspirierte auch die Systemgegner in der DDR. Es gab einige Kontakte, Texte von Havel und anderen Dissidenten verbreiteten sich in der Diktatur. Unter dem Einfluss der Bürgerrechtsbewegung gründete sich 1986 die Initiative Frieden und Menschenrechte (IFM) in der DDR, geißelte Menschenrechtsverletzungen in der DDR und drang auf Demokratie.

Eingaben

Jedem Bürger stand es frei, sich mit Vorschlägen, Hinweisen, Anliegen, Petitionen und Beschwerden beispielsweise an staatliche Stellen, gesellschaftliche Organisationen, Betriebe, die Volkskammer oder den SED-Generalsekretär und Staatsratsvorsitzenden Erich Honecker zu wenden. Wer mit der darauf folgenden Entscheidung nicht einverstanden war, konnte bei übergeordneten Stellen – bis zur Regierungs- oder Parteispitze – Widerspruch einlegen. Vor allem systemkritische Gruppen schrieben immer wieder Eingaben, um beispielsweise gegen Verhaftungen anzugehen. Der Erfolg von Eingaben war meistens gering.

Eiserner Vorhang

Mit dem Begriff »Eiserner Vorhang« beschrieb der damalige britische Oppositionsführer Winston Churchill in einer Rede 1946 die Abschottung der Ostblockstaaten (Sowjetunion, DDR, Polen, Tschechoslowakei, Ungarn, Rumänien, Bulgarien) gegenüber dem Westen. Zum »Eisernen Vorhang« zählten auch die Stacheldrahtverhaue, Minenfelder, Selbstschussanlagen und Wachtürme von Ungarn bis an die mecklenburgische Ostseeküste. Die Berliner Mauer war das Symbol des »Eisernen Vorhangs«.

Freie Deutsche Jugend (FDJ)

Die einzige staatlich zugelassene und unterstützte Jugendorganisation war der wichtigste Kultur-, Freizeit- und Ferienveranstalter für junge Menschen in der DDR. Einst zählte die FDJ 2,3 Millionen Mitglieder; rund achtzig Prozent der Jugendlichen zwischen vierzehn und 25 Jahren gehörten Mitte der Achtzigerjahre dazu. Der Beitritt war zwar freiwillig, doch wer sich verweigerte, musste beispielsweise schulische Nachteile einkalkulieren. Nur wenige, die das FDJ-Blauhemd trugen, fühlten sich von der politischen Arbeit der FDJ angesprochen.

Langjährige FDJ-Vorsitzende waren die späteren Staats- und Parteichefs Erich Honecker und Egon Krenz. Der FDJ war die Pionierorganisation »Ernst Thälmann« unterstellt; ihr gehörten fast alle Mädchen und Jungen vom ersten bis zum siebten Schuljahr an – als Jung- oder Thälmannpioniere.

Freier Deutscher Gewerkschaftsbund (FDGB)

Diese größte Massenorganisation verfügte über mehrere Schulen zur Aus- und Weiterbildung ihrer Funktionäre. Das Streikrecht lehnte der FDGB ausdrücklich ab; in seiner Satzung erkannte er die Führung der Sozialistischen Einheitspartei Deutschlands an.

Der Eintritt in den Dachverband der Einzelgewerkschaften war nicht verpflichtend. Aber wer sich dem zu entziehen versuchte, bekam Probleme in seiner beruflichen Weiterentwicklung. 1989 zählte der FDGB ungefähr 9,5 Millionen Mitglieder, das waren etwa 98 Prozent aller gewerkschaftlich organisierbaren Personen in der DDR.

Zu den weiteren von der SED kontrollierten Massenorganisationen gehörten beispielsweise der Demokratische Frauenbund Deutschlands (DFD) als politische Organisation für Frauen und der Kulturbund (KB) für Freizeitgestaltung, Vereinsleben und Traditionspflege.

Freikauf

Beim Freikauf zahlte die Bundesrepublik zwischen 40.000 und 100.000 D-Mark an die DDR dafür, dass sie einen Gefangenen in den Westen entließ.

»Freikauf« nannte man dieses »Geschäft« in der westlichen Öffentlichkeit – davon betroffen waren vor allem Personen, die wegen Republikflucht oder Fluchthilfe eingesperrt waren. In der DDR wurde diese Praxis verschwiegen; es gab offiziell keine politischen Häftlinge, obwohl in der DDR-Geschichte etwa 250.000 Männer und Frauen als solche zu bezeichnen waren. Zwischen 1949 und 1989 wurden aus politischen Gründen zwischen 200.000 und 250.000 Menschen inhaftiert.

Glasnost und Perestroika

»Öffentlichkeit/Transparenz« und »Umbau« bedeuten diese beiden russischen Begriffe. 1985 leitete Michail Gorbatschow, Generalsekretär des Zentralkomitees (ZK) der Kommunistischen Partei der Sowjetunion (KPdSU), unter diesen Schlagworten politische und wirtschaftliche Reformen in der Sowjetunion ein.

Grundlagenvertrag

Der zwischen der DDR und der Bundesrepublik 1972 abgeschlossene Grundlagenvertrag stellte die Verbindung beider deutscher Staaten auf eine neue Grundlage. Die Vertragspartner beschlossen, »normale gutnachbarliche Beziehungen zueinander auf der Grundlage der Gleichberechtigung« aufzubauen – basierend auf den Prinzipien der »souveränen Gleichheit aller Staaten, der Achtung der Unabhängigkeit, Selbstständigkeit und territorialen Integrität, dem Selbstbestimmungsrecht, der Wahrung der Menschenrechte«. Dies bedeutete jedoch keine völkerrechtliche Anerkennung der DDR. Beide Seiten verständigten sich daher auch nicht auf die Einrichtung von Botschaften, sondern lediglich von Ständigen Vertretungen in Ostberlin und Bonn.

Die DDR, die ursprünglich ihre völkerrechtliche Anerkennung durchdrücken wollte, erlangte eine internationale Aufwertung durch den Grundlagenvertrag; er schuf die Voraussetzung für die Mitgliedschaft der Bundesrepublik und der DDR bei den Vereinten Nationen 1973.

Die Bundesregierung hatte dem Grundlagenvertrag noch einen Brief beigefügt, der von der Ostberliner Regierung angenommen und somit zu einem informellen Teil des Vertrags wurde. Darin verdeutlichte sie, dass das Wiedervereinigungsgebot des Grundgesetzes immer noch gelte. Die DDR wies hingegen jeden Gedanken an eine mögliche deutsche Vereinigung von sich.

Im bundespolitischen Diskurs meldeten sich Befürworter der Wiedervereinigung, aber auch der deutschen Zweistaatlichkeit zu Wort. Und siebzig bis achtzig Prozent der bundesdeutschen Bevölkerung begrüßten eine Wiedervereinigung als langfristiges Ziel – und schlossen zugleich aus, sie noch im 20. Jahrhundert zu erleben. Das ergaben Allensbacher Meinungsumfragen 1987.

Gründung der Deutschen Demokratischen Republik (DDR)
Infolge des Zweiten Weltkrieges wurde Deutschland in vier Zonen aufgeteilt; die Alliierten (USA, Großbritannien, Frankreich und Sowjetunion) besetzten sie militärisch und verwalteten sie.

Die Westalliierten setzten in den von ihnen okkupierten Teilen Deutschlands auf Demokratie und eine privatwirtschaftliche Eigentumsordnung; in der Sowjetischen Besatzungszone (SBZ) ging es hingegen um eine Einparteienherrschaft und eine zentral gesteuerte Staatswirtschaft.

Den Weg zur deutschen Teilung markierte unter anderem die Verabschiedung des Marshallplans. Das 1948 vom US-Außenminister George C. Marshall initiierte Europäische Wiederaufbauprogramm richtete sich allein auf Westeuropa – nachdem die Sowjetunion und auf ihren Druck auch andere osteuropäische Staaten ihre Teilnahme daran verweigert hatten. Das Hilfsprogramm für Europa intendierte eine enge Verbundenheit zwischen Gebern und Nehmern; für die Teilnehmer ergaben sich ordnungspolitische Weichenstellungen, so musste beispielsweise die Währung konsolidiert werden.

Weil der Marshallplan schnelles Agieren erforderte, entschlossen sich die drei Westmächte zu einer separaten Währungsreform: Im Juni 1948 wurde in den westlichen Besatzungszonen und den drei Westsektoren von Berlin die Deutsche Mark (DM) zum offiziellen Zahlungsmittel bestimmt. Wenige Tage später wurde die Ostmark in der SBZ und im sowjetischen Sektor von Berlin eingeführt. Die Sowjetunion hatte die Währungsreform in der SBZ auf die Westsektoren von Berlin ausweiten wollen und war an der Gegenwehr der Westmächte gescheitert.

Um Berlin dem Einfluss der Westalliierten zu entziehen, blockierte die Sowjetunion ab Juni 1948 die Zufahrtswege von und nach Westberlin. Doch die Westmächte gaben ihr Territorium nicht preis, sondern versorgten 2,2 Millionen Westberliner monatelang über eine Luftbrücke unter anderem mit Lebensmitteln, Medikamenten und Kohle; die meisten Flüge unternahmen die Amerikaner. Die Berlinblockade stellte die von der Sowjetunion ausgehende Bedrohung zur Schau und schweißte Westdeutsche, Westberliner und westliche Besatzungsmächte zusammen.

Im Juli 1948 offenbarten die Westalliierten in den Frankfurter Dokumenten ihre Standpunkte zur geplanten Teilstaatsgründung – und legten damit den Grundstein zur Entstehung der Bundesrepublik Deutschland aus den drei westlichen Besatzungszonen: Am 23. Mai 1949 wurde das Grundgesetz verkündet; am 7. September 1949 trat in Bonn der erste Deutsche Bundestag zusammen.

Die Sowjetunion hatte die Führung der Sozialistischen Einheitspartei Deutschlands (SED) gebremst, die ihre Vorherrschaft ausdehnen und einen eigenen Staat schaffen wollte. Mit der Staatsgründung sollte bis nach der Konstituierung der Bundesrepublik gewartet werden. Am 7. Oktober 1949 wurde die DDR-Verfassung in Kraft gesetzt – auf dem Gebiet der SBZ wurde die DDR ins Leben gerufen.

Inoffizieller Mitarbeiter (IM) des Ministeriums für Staatssicherheit (MfS)
»Spitzel«, »Denunzianten« oder »Kundschafter« hießen sie in der DDR-Gesellschaft. Mit der deutschen Einheit hat sich die Bezeichnung IM für die heimlichen Zuträger etabliert.

Als wichtigstes Instrument des Ministeriums für Staatssicherheit (MfS) ergatterten sie vornehmlich Informationen über Bürger, die Gesellschaft, ihre Institutionen und Organisationen der DDR oder im Ausland. Mit ihren Decknahmen versahen die IM ihre Berichte. Verschwiegenheit und Vertraulichkeit sicherten sie in einer Verpflichtungserklärung zu; nur in Einzelfällen verzichtete das MfS darauf.

Justiz
Gewaltenteilung, Unabhängigkeit der Gerichte und der Rechtspflege sowie Grundrechte wie beispielsweise das Recht auf freie Meinungsäußerung, Versammlungsfreiheit oder Auswanderungsfreiheit sicherte die erste DDR-Verfassung aus dem Jahre 1949 noch zu. Einzelne Elemente davon enthielt auch die DDR-Verfassung von 1968 – aber in der Verfassungswirklichkeit galten sie nicht.

Die Unabhängigkeit der Gerichte gab es nicht. Richter, Staatsanwälte und Rechtsanwälte unterstanden weitgehend den Vorgaben der Sozialistischen Einheitspartei Deutschlands. Zu den SED-Mitgliedern zählten viele Juristen.

Rechtsanwälte hatten kein Recht auf Akteneinsicht und bekamen – wie die Richter – lediglich einen zusammenfassenden Bericht von den Fällen. Willkür herrschte vielfach bei Anklagen und Urteilen; Beweise fehlten oftmals.

Für die Ermittlungsverfahren bei Staatsverbrechen und politischen Militärstrafsachen waren die Untersuchungsorgane des Ministerium für Staatssicherheit (MfS) zuständig. Sie verfügten über zentrale Untersuchungsgefängnisse in Berlin-Lichtenberg und in Berlin-Hohenschönhausen sowie über weitere Gefängnisse in den Bezirksstädten.

Zwischen 1949 und 1981 wurden mehr als 220 Todesurteile in der DDR verkündet, von denen mindestens 164 vollstreckt wurden; erst 1987 schaffte die DDR die Todesstrafe ab.

Klärung eines Sachverhalts
So lautete die übliche Formel in einer Vorladung durch die Volkspolizei, die Kriminalpolizei oder die Stasiuntersuchungsabteilung. Man wusste nie genau, wer die Person war, die einen befragte.

Mauer
Die Gedenkstätte Berliner Mauer in der Bernauer Straße ist der zentrale Erinnerungsort für die deutsche Teilung. Auf dem einstigen Grenzstreifen erstreckt sich das Gebiet mit Resten der Berliner Mauer. Die erhaltenen Grenzanlagen gehören zum nationalen Denkmal für die Opfer der kommunistischen Gewaltherrschaft und der deutschen Teilung.

In der Nacht vom 12. zum 13. August 1961 versperrten Volkspolizei, Betriebskampfgruppen und die Nationale Volksarmee (NVA) die quer durch Berlin verlaufende Sektorengrenze mit Stacheldrahtverhauen und Steinwällen. In den folgenden Tagen und Monaten wurde rund um Westberlin eine Mauer errichtet. Die Bevölkerung aus Ostberlin konnte nicht mehr nach Westberlin.

Die Mauer diente der Machterhaltung der Sozialistischen Einheitspartei Deutschlands (SED), denn immer mehr Menschen waren vor dem Mauerbau aus politischen und wirtschaftlichen Gründen in den anderen Teil Deutschlands geflüchtet.

Außer der eigentlichen Mauer gab es auch eine Hinterlandmauer, Signalzäune und tiefe Kfz-Sperrgräben, um ein Durchbrechen mit Autos zu verhindern. Hinzu kamen Scheinwerferanlagen und Hunde, die ein Überwinden der Mauer unmöglich machen sollten. Von 300 Wachtürmen aus beobachteten bewaffnete Grenzsoldaten das Geschehen rund um die Uhr. Diese Grenzanlagen wurden auch »Todesstreifen« genannt. Trotz der tödlichen Bedrohung versuchten DDR-Bürger immer wieder die Flucht in den Westen.

Die Westberliner Polizei erfasste statistisch 5075 Menschen, denen in der Zeit vom 13. August 1961 bis Ende 1989 die Flucht über die Sperranlagen in Berlin gelang. Laut der Bundesstiftung zur Aufarbeitung der SED-Diktatur wurden zwischen 1961 und 1989 mindestens 138 Menschen an den Berliner Grenzen bei einem Fluchtversuch erschossen oder verunglückten tödlich.

Mauerfall

Am 9. November 1989 stellte SED-Politbüro-Mitglied Günter Schabowski auf einer Pressekonferenz eher beiläufig den Entwurf eines Reisegesetzes vor, nach dem »Privatreisen nach dem Ausland ... ohne Vorliegen von Voraussetzungen« möglich seien. Auf Nachfrage eines Journalisten erklärte er: Ja, das gelte ab sofort ... Diese Aussage verbreiteten die Nachrichtenagenturen. In den Abendstunden versammelten sich tausende Ostberliner an den Grenzübergangsstellen ihrer Stadt.

Der 9. November 1989 ging als Tag des Mauerfalls in die Geschichte ein. DDR-Bürger konnten das »große Gefängnis DDR« für immer verlassen.

Militarismus im Alltag

In Kinderliedern wurde die Volksarmee glorifiziert; in den Kindergärten gab es Kriegsspielzeug. Bereits in der Grundschule begann die Uniformierung der Gesellschaft: Mit der Aufnahme in die Pionierorganisation musste jedes Kind beispielsweise zu den Fahnenappellen in den Schulen ein weißes Hemd mit blauem (später rotem) Halstuch tragen. Mitglieder der Freien Deutschen Jugend (FDJ) mussten sich im Blauhemd blicken lassen.

Im Rahmen der allgemeinen Militarisierung der DDR-Gesellschaft fand die Wehrerziehung statt. Vorgeblich diente sie der Verteidigung in einem möglichen Krieg – im Grunde ging es eher um die Disziplinierung der Bevölkerung.

Politbüro

Als Führungsgremium und Herrschaftszentrum der Sozialistischen Einheitspartei Deutschlands (SED) und der DDR fungierte das Politbüro. An der Spitze stand der Erste Sekretär des Zentralkomitees (ZK) der SED beziehungsweise der Generalsekretär des ZK der SED. Nahezu alle Beschlüsse des ZK und der Parteitage basierten auf Vorlagen des Politbüros. In der wichtigsten Machtzentrale wurden Gesetze beschlossen; zudem fielen Entscheidungen über strategische Ausrichtungen in Wirtschaft und Politik.

Prager Frühling

Zahlreiche Neuerungen im Staat zielten 1968 auf eine demokratische Gesellschaft hin. Die Reformen in der Wirtschaft und die Zulassung einer kritischen Öffentlichkeit führten zu zunehmenden Verstimmungen mit anderen sozialistischen Ländern. Vor allem in der Sowjetunion wuchs die Kritik. Zusammen mit Ungarn, Polen, Bulgarien und der DDR beriet man über die Lage in der Tschechoslowakischen Sozialistischen Republik (ČSSR). Die Erneuerungsbewegung wurde am 21. August 1968 durch eine Militärintervention der Staaten des Warschauer Paktes beendet.

Insbesondere junge Menschen in der DDR hatten mit dem Prager Aufbruch Hoffnungen verknüpft – auf einen Wandel im eigenen Land. Sie protestierten gegen die Niederschlagung des Prager Frühlings; in den Wochen nach dem 21. August 1968 wurden in der DDR mehr als 2000 »feindliche Handlungen« registriert.

Republikflucht

Die Sozialistische Einheitspartei Deutschlands (SED) sprach abwertend von »Republikflucht«, oder »ungesetzlichem Grenzübertritt«. Bei der Verhinderung der Flucht arbeitete das Ministerium der Staatssicherheit (MfS) eng mit der Volkspolizei, der Armee, den Grenztruppen, freiwilligen Grenz- und Polizeihelfern, kommunalen Staatsinstitutionen sowie – in Grenznähe – den SED-Wohngebietsparteiorganisationen zusammen. Starben Menschen beim Fluchtversuch, sicherte das MfS Beweise und veranlasste kriminaltechnische und gerichtsmedizinische Untersuchungen.

Stasileute vernahmen alle Personen, denen man aufgrund ihrer persönlichen Verbindung zu festgenommenen oder erfolgreichen Flüchtlingen eine strafbare Mitwisserschaft unterstellte. Gelang der Nachweis, sperrten sie sie meist ein. Oder sie verlangten von ihnen, dass sie sich vom Inhaftierten öffentlich lossagten. Eine weitere Möglichkeit war, dass sie versuchen mussten, den Geflohenen zu einer Rückkehr in die DDR zu überreden.

Solidarność

Die unabhängige polnische Gewerkschaft wurde 1980 nach sozialen Unruhen gegründet. Seit 1981 offiziell verboten, arbeitete sie bis 1989 nur teilweise verdeckt im Untergrund und war danach als Bürgerkomitee politisch tätig. Ihr Vorsitzender Lech Walesa wurde nach der politischen Öffnung zum Staatspräsidenten von Polen gewählt.

Transitabkommen

Das Transitabkommen zwischen der Regierung der Bundesrepublik Deutschland und der DDR-Regierung (1971) bestimmte unter anderem, dass die Bundesrepublik an die DDR eine jährliche Pauschalsumme zahlte, die unter anderem Straßenbenutzungsgebühren und Visagebühren umfasste. Sie betrug 234,9 Millionen DM pro Jahr von 1972 bis 1975.

Eine Missbrauchsklausel des Vertrags gestand den DDR-Behörden lediglich das Recht zu, im Ausnahmefall Verdachtskontrollen an den Grenzübergängen abzuhalten, um versteckte Flüchtlinge in Kraftfahrzeugen zu finden. MfS-Mitarbeiter, die Volkspolizei und der Zoll überwachten die Transitstrecken.

Tschechoslowakische Sozialistische Republik
ČSSR (Cekoslovenska Socialisticka Republika) wurde von 1960 bis 1990 als Abkürzung für die Tschechoslowakische Sozialistische Republik verwendet. Die Umbenennung in Tschechische und Slowakische Föderative Republik (ČSFR) erfolgte 1990. Drei Jahre später wurde die Teilung in die eigenständigen Staaten Tschechien und Slowakei vollzogen.

Wahlen
Eine Auswahlmöglichkeit zwischen Parteien und Kandidaten existierte nicht. Zur Wahl stand allein die Liste der Nationalen Front. In der Nationalen Front vereinigten sich – unter Führung und Kontrolle der Sozialistischen Einheitspartei Deutschlands (SED) – Massenorganisationen wie die Freie Deutsche Jugend (FDJ) sowie Blockparteien wie die Christlich-Demokratische Union (CDU). Bei Wahlen war es üblich, keine Wahlkabine aufzusuchen. Da den Leuten in den Wahllokalen die offene Stimmabgabe massiv nahegelegt wurde, blieben als Wahlkabinenbenutzer praktisch nur Nein-Wähler; sie wurden registriert. Oft fehlten Wahlkabinen oder wurden in den hintersten Ecken der Wahllokale platziert – was den Effekt des »Spießrutenlaufens« für diese Stimmberechtigten hatte, die Wahlkabinen aufsuchen wollten.

Warschauer Pakt
Das im »Vertrag über Freundschaft, Zusammenarbeit und gegenseitigen Beistand« vereinbarte Militärbündnis kommunistischer Staaten Europas wurde 1955 in Warschau geschlossen – unter Führung der Sowjetunion. Zudem gehörten unter anderem die DDR, die Tschechoslowakei, Ungarn und Polen dazu.

Westdeutsche Friedensbewegung und ihre DDR-Kontakte
Eng verbunden mit der westdeutschen Friedensbewegung waren die Grünen. Die Grünen-Bundestagsabgeordnete Petra Kelly

erkannte, dass die DDR-Friedensbewegung auch ein Widerstand gegen das repressive System war. Bei ihrem Engagement für die DDR-Opposition ging es Kelly und ihren Mitstreitern daher um die Durchsetzung der Menschenrechte in der Diktatur. Die Menschenrechtsverletzungen in der DDR sprachen die Grünen beim Treffen 1983 mit dem DDR-Staatsratsvorsitzenden Erich Honecker in Ostberlin an. Die SED hatte aus öffentlichkeitswirksamen Gründen der Zusammenkunft zugestimmt. Den offiziellen Besuch nutzten die Grünen auch zu privaten Begegnungen mit Regimekritikern. Das Ministerium für Staatssicherheit (MfS) wollte diese Kontakte unterbinden, was nicht gelang.

Westfernsehen und Westradio

Westliche Radio- und Fernsehsender konnten Menschen in den meisten Regionen der DDR empfangen. Als Tal der Ahnungslosen wurden vom Volksmund die Gebiete bezeichnet, in denen kein Empfang des Westfernsehens möglich war, also vor allem in Teilen des Bezirks Dresden, aber auch für den Empfang ungünstig gelegenen Landstrichen im Nordosten der DDR.

Wiedervereinigung: die entscheidenden Schritte vom Mauerfall bis zum Tag der Deutschen Einheit

»Wir sind ein Volk« – unter diesem Slogan pochte die Mehrheit der DDR-Demonstranten nach dem Mauerfall am 9. November 1989 auf die Einheit Deutschlands. Bundeskanzler Helmut Kohl setzte sich die »Wiedergewinnung der staatlichen Einheit Deutschlands« zum Ziel seiner Politik. Ab Dezember 1989 versammelten sich DDR-Regierung und Oppositionsgruppen am Runden Tisch. Das Resultat war unter anderem die erste freie Volkskammerwahl im März 1990: Die von der früheren DDR-Blockpartei CDU geführte Allianz für Deutschland, die eine schnelle Wiedervereinigung propagierte, erhielt knapp die Hälfte der Stimmen; die zur Partei des demokratischen Sozialismus

(PDS) umgewandelte SED, die der Einheit eine Absage erteilte, erreichte hingegen nur 16,32 Prozent.

Die westdeutsche Wirtschaftsordnung wurde auf den Osten übertragen, die D-Mark wurde auch dort Zahlungsmittel. Im Zwei-plus-Vier-Vertrag klärten die beiden deutschen Staaten mit den USA, Großbritannien, Frankreich und der Sowjetunion die außenpolitischen Rahmenbedingungen.

Die staatliche Einheit Deutschlands regelte der Einigungsvertrag – durch den Beitritt der DDR zum Geltungsbereich des Grundgesetzes. Am 3. Oktober 1990 trat er in Kraft.

Bereits vor dem 3. Oktober hatten sich die West- und Ost-CDU vereinigt; ebenso hatten die SPD der Bundesrepublik und die SPD der DDR fusioniert; und die Liberalen beider deutscher Staaten hatten sich zur gesamtdeutschen FDP zusammengeschlossen. Mit der Vereinigung Deutschlands konstituierten sich die fünf neuen Bundesländer Brandenburg, Mecklenburg-Vorpommern, Sachsen, Sachsen-Anhalt und Thüringen.

Zum Tag der Deutschen Einheit wurde der 3. Oktober unter anderem deshalb bestimmt, weil er der frühestmögliche Termin nach dem Außenministertreffen der Konferenz über Sicherheit und Zusammenarbeit in Europa (KSZE) am 2. Oktober in New York war, an dem die Ergebnisse der Zwei-plus-Vier-Verhandlungen bekannt gegeben wurden.

Am 3. Oktober 1990, null Uhr wurde die Wiedervereinigung vor dem Berliner Reichstag symbolisch vollzogen – in Anwesenheit der Staatsführung, auswärtiger Diplomaten und mehrerer hunderttausend Menschen: Die schwarz-rot-goldene Bundesflagge des vereinten Deutschlands wurde gehisst und die gesamtdeutsche Nationalhymne wurde gesungen. Und im Schöneberger Rathaus erklang die Freiheitsglocke.

Zentralkomitee (ZK) der Sozialistischen Einheitspartei Deutschlands (SED)
Als höchstes SED-Organ wählte der Parteitag alle fünf Jahre das Zentralkomitee. Das ZK wählte wiederum das Politbüro und den Generalsekretär, der die wichtigste Person im Staat war. Die Generalsekretäre der SED waren zugleich Vorsitzende des Staatsrates und somit auch Staatsoberhaupt.

Zuführungen
Einer zeitweiligen Festnahme kamen Zuführungen praktisch gleich und erfolgten ohne Rechtsgrundlage. Zuführungen konnten nach Verhören mit der Freilassung enden – oder in eine formelle Verhaftung münden.

Chronik

7. März 1946
Gründung der Freien Deutschen Jugend (FDJ) (→ Glossar, S. 137); Vorsitzender: Erich Honecker

21. –22. April 1946
Gründungsparteitag der Sozialistischen Einheitspartei Deutschlands (SED) (→ Glossar »Blockparteien«, S. 136)

7. Oktober 1949
Gründung der Deutschen Demokratischen Republik (DDR) (→ Glossar, S. 140)

8. Februar 1950
Gründung des Ministeriums für Staatssicherheit (MfS)

1. März 1951
Das sowjetische Untersuchungsgefängnis in Berlin-Hohenschönhausen wird der DDR übergeben und zum zentralen Untersuchungsgefängnis des Ministeriums für Staatssicherheit

23. Juli 1952
Per Gesetz werden die bisherigen fünf Flächenländer der DDR (Mecklenburg, Sachsen-Anhalt, Brandenburg, Thüringen und Sachsen) in vierzehn Bezirke und 217 Kreise aufgeteilt

17. Juni 1953
An dem Volksaufstand in der DDR beteiligen sich republikweit Hunderttausende mit Streiks und Demonstrationen. Der Volksaufstand wird durch sowjetische Truppen niedergeschlagen

11.–14. Mai 1955
Der »Warschauer Vertrag« über »Freundschaft, Zusammenarbeit und gegenseitigen Beistand« wird initiiert – unter Führung der Sowjetunion. Mit diesem Vertrag wird der Warschauer Pakt (→ Glossar, S. 147) abgeschlossen. Zu den Teilnehmerstaaten zählen neben der Sowjetunion unter anderem die DDR, Polen, Rumänien, die Tschechoslowakei und Ungarn

11. März 1956
Das Ministerium für Staatssicherheit wird gleichberechtigtes Mitglied der Geheimdienste der Warschauer-Pakt-Staaten

24. Oktober 1956
Der Volksaufstand gegen das kommunistische Regime und die sowjetische Besatzungsmacht in Ungarn beginnt. Vom 4. bis zum 15. November 1956 schlagen sowjetische Truppen die Massenerhebung mit zügelloser militärischer Gewalt nieder

19. September 1960
Nach dem Tod von DDR-Präsident Wilhelm Pieck wird der Staatsrat der DDR als »kollektives Führungsorgan« gebildet. Erster Vorsitzender wird Walter Ulbricht

15. Juni 1961
Der DDR-Staatsratsvorsitzende Walter Ulbricht erklärt auf einer internationalen Pressekonferenz: »Niemand hat die Absicht, eine Mauer zu errichten« (→ Glossar »Mauer«, S. 143 f.)

13. August 1961
Abriegelung Ostberlins. Bau der Mauer

22. März 1962
Einführung der Visa-Pflicht für Bundesbürger, die in die DDR einreisen wollen

14. November 1963
Margot Honecker wird Volksbildungsministerin

17. Dezember 1963
Das erste Passierscheinabkommen der DDR mit dem Senat von Westberlin wird beschlossen. Erstmals können seit dem Mauerbau Westberliner über Weihnachten wieder Freunde und Verwandte im Ostteil der Stadt besuchen

1. Dezember 1964
Einführung des Zwangsumtausches (D-Mark in Ostmark) für westliche Besucher bei Reisen in die DDR

20. Februar 1967
Die DDR führt eine eigene Staatsbürgerschaft ein

20.–21. August 1968
Die Okkupation der Tschechoslowakischen Sozialistischen Republik (ČSSR) (→ Glossar, S. 147) durch die Warschauer-Pakt-Staaten führt zu Protesten in mehreren Städten der DDR; die Militärintervention beendet den im Januar eingeschlagenen Kurs des Prager Frühlings (→ Glossar, S. 145)

3. Mai 1971
Walter Ulbricht erklärt seinen Rücktritt als Erster Sekretär des Zentralkomitees (ZK) der Sozialistischen Einheitspartei Deutschlands (SED) (→ Glossar, S. 150). Nachfolger als Erster Sekretär wird Erich Honecker

24. Juni 1971
Erich Honecker folgt Walter Ulbricht als Vorsitzender des Nationalen Verteidigungsrates der DDR

17. Dezember 1971
Unterzeichnung des Transitabkommens (→ Glossar, S. 146) als erster deutsch-deutscher Vertrag

21. Dezember 1972
Unterzeichnung des Grundlagenvertrags (→ Glossar, S. 139 f.) zwischen der Bundesrepublik und der DDR zur Einleitung von gleichberechtigten und guten Beziehungen. Er tritt am 21. Juni 1973 in Kraft

18. September 1973
Die DDR und die Bundesrepublik werden in die UNO aufgenommen

2. Mai 1974
Eröffnung der Ständigen Vertretungen der Bundesrepublik Deutschland und der DDR in Ostberlin und Bonn

1. August 1975
Erich Honecker unterzeichnet für die DDR die Schlussakte der Konferenz über Sicherheit und Zusammenarbeit in Europa (KSZE) von Helsinki, die unter anderem Freizügigkeit für alle Bürger vorsieht

29. Oktober 1976
Erich Honecker wird DDR-Staatsratsvorsitzender

16. November 1976
Ausbürgerung des DDR-kritischen Liedermachers Wolf Biermann

1. Januar 1977
Gründung der Menschenrechtsgruppe Charta 77 in der ČSSR (→ Glossar, S. 136 f.)

17. September 1980
Gründung der polnischen Gewerkschaft Solidarność (→ Glossar, S. 146)

11. März 1985
Michail Gorbatschow wird Generalsekretär des Zentralkomitees (ZK) der Kommunistischen Partei der Sowjetunion (KPdSU) (→ Glossar »Glasnost und Perestroika«, S. 139)

12. Juni 1987
US-Präsident Ronald Reagan fordert Michail Gorbatschow in Westberlin eindringlich auf: »Herr Gorbatschow, reißen Sie diese Mauer nieder!«

7.–11. September 1987
Besuch von Erich Honecker in der Bundesrepublik

19. Januar 1989
Erich Honecker versichert, die Mauer werde »noch in fünfzig und hundert Jahren« stehen

2. Mai 1989
Ungarn beginnt mit dem Abbau des »Eisernen Vorhangs« (→ Glossar, S. 137) an der Grenze zu Österreich

7. Mai 1989
Aufdeckung der Fälschung der Kommunalwahl 1989 (→ Glossar »Wahlen«, S. 147)

27./28. Juni 1989
Erich Honecker ist zu Besuch in Moskau; Michail Gorbatschow drängt auf Reformen in der DDR

Ab Juli 1989
Tausende DDR-Bürger flüchten über Ungarn nach Österreich oder suchen Zuflucht in der Ständigen Vertretung der Bundesrepublik in Ostberlin und in den bundesdeutschen Botschaften in Budapest und Prag

22. August 1989
Die Botschaft der Bundesrepublik in Prag wird wegen Überfüllung geschlossen. Rund 140 Bürger der DDR wollen von dort aus in den Westen übersiedeln

4. September 1989
Erste Montagsdemonstration in Leipzig

10. September 1989
Ungarn gibt die Öffnung seiner Grenze zu Österreich für DDR-Bürger bekannt; bis Ende Oktober kommen etwa 50.000 Menschen über diesen Weg in die Bundesrepublik

30. September 1989
Bundesaußenminister Hans-Dietrich Genscher verkündet den mittlerweile etwa 6000 Botschaftsflüchtlingen in Prag die Genehmigung ihrer Ausreise in die Bundesrepublik

1.–5. Oktober 1989
1500 DDR-Bürgern in der Warschauer Botschaft der Bundesrepublik wird die Ausreise gestattet

2. Oktober 1989
In Leipzig protestieren 20.000 Menschen friedlich für Reformen. Sicherheitsorgane nehmen mehrere Demonstranten fest

4. Oktober 1989
Weitere etwa 7500 DDR-Flüchtlinge in der bundesdeutschen Prager Botschaft werden in Sonderzügen in die Bundesrepublik gebracht. Auf DDR-Bahnhöfen an der Strecke kommt es zu Unruhen

7. Oktober 1989
Rund um den 40. Jahrestag der Gründung der DDR finden in der gesamten Republik Demonstrationen gegen die SED-Regierung statt. In mehreren Städten werden Proteste, auf denen Zehntausende für Meinungsfreiheit und Reformen eintreten, brutal aufgelöst und dabei über tausend Menschen festgenommen

9. Oktober 1989
In Leipzig demonstrieren etwa 70.000 Menschen für eine demokratische Erneuerung der DDR. Die Sicherheitskräfte halten sich zum ersten Mal zurück. An diesem Tag setzt sich die Bevölkerung erstmals auf offener Straße dem Staat gegenüber durch. Die Ereignisse in Leipzig sind ein Signal für mutige Bürger in der gesamten DDR

18. Oktober 1989
Das Zentralkomitee (ZK) entbindet Erich Honecker »aus gesundheitlichen Gründen« von seinem Amt als Generalsekretär und wählt Egon Krenz an seine Stelle. Krenz prägt für seine geplante Politik den Begriff »Wende«

23. Oktober 1989
Über eine halbe Million Menschen protestieren in zahlreichen Städten der DDR gegen die Wahl von Egon Krenz zum Generalsekretär und für die demokratische Erneuerung des Landes

24. Oktober 1989
Egon Krenz wird von der Volkskammer zum Staatsratsvorsitzenden und Vorsitzenden des Nationalen Verteidigungsrates gewählt

4. November 1989
Die größte Protestdemonstration der DDR-Geschichte findet auf dem Ostberliner Alexanderplatz statt; das DDR-Fernsehen überträgt die Veranstaltung direkt. Die ČSSR lässt alle DDR-Bürger problemlos in die Bundesrepublik ausreisen. Tausende verlassen in den kommenden Tagen die DDR auf diesem Weg

9. November 1989
Mauerfall (→ Glossar, S. 144); die Öffnung der Grenzen zur Bundesrepublik und nach Westberlin wird mit sofortiger Wirkung verkündet

18. März 1990
Erste demokratische Wahlen in der DDR (→ Glossar »Wiedervereinigung«, S. 148 f.)

13. Juni 1990
Abriss der Berliner Mauer beginnt

1. Juli 1990
Inkrafttreten der Wirtschafts-, Währungs- und Sozialunion für ganz Deutschland. Damit wird die Deutsche Mark (DM) zum einzigen Zahlungsmittel in ganz Deutschland

4. September 1990
Bürgerrechtler besetzen die ehemalige Zentrale des Ministeriums für Staatssicherheit (MfS) und treten in den Hungerstreik, um die Vernichtung von MfS-Akten zu verhindern

18. September 1990
Zusatzklausel zum Einigungsvertrag regelt den Umgang mit den MfS-Akten

19. September 1990
Die DDR-Regierung ernennt Joachim Gauck zum Sonderbeauftragten für den Umgang mit personenbezogenen Akten

3. Oktober 1990
Tag der Deutschen Einheit

Dank

Meine Mutter ermutigte mich dazu, mir ein Buchprojekt zuzutrauen. Dass ich mich seit vielen Jahren mit dem Thema DDR beschäftige, hängt mit ihrer Geschichte zusammen: Meine Mutter kam in Dresden zur Welt und verbrachte einige Kindheitsjahre sowie ihre Jugendzeit in Görlitz. Wenige Monate vor Gründung der DDR im Oktober 1949 (→ Glossar, S. 140 f.) flüchtete sie aus der Sowjetischen Besatzungszone zu ihrer Schwester nach München. Ihr Vater half ihr bei der Flucht.

Die Familie besuchten wir oft in der DDR. Wir betrachteten den Mauerfall (→ Glossar, S. 144) als wundervolles Geschenk. Und am 3. Oktober 1990 (→ Glossar »Wiedervereinigung«, S. 148 f.) feierten wir gemeinsam mit Verwandten in München.

Mit meinem Lebenspartner Stefan redete ich in den vergangenen Jahren ständig über mein Buchprojekt. Seine Aufmerksamkeit, Inspiration und Motivation möchte ich nicht missen. Er glaubte mir immer, wenn ich gelobte: »Morgen ist der Text fertig.« Am 13. August 2011, dem 50. Jahrestag des Mauerbaus (→ Glossar »Mauer«, S. 143 f.), sowie am 9. November 2014, dem 25. Jahrestag des Mauerfalls, waren wir in Berlin.

Die Schauspielerin Katrin Sass steuerte das Vorwort bei. In einem Interview, das ich vor einigen Jahren mit ihr führte, würdigte sie die ersten Teilnehmer der Friedensgebete in der Leipziger Nikolaikirche sowie die ehemalige Bürgerrechtlerin Bärbel Bohley. So kam ich auf die Idee, dieses Buch speziell über mutige Menschen in der DDR zu schreiben.

Katrin Behr, Almuth Berger, Hans-Joachim Döring, Kai Feller, Gilbert Furian, Monika Lembke, Mario Röllig, Corinna Thalheim, Günter Wetzel und Evelyn Zupke sprachen in den Interviews für dieses Buch sehr offen über ihre Erziehung, ihre

Haltung, ihre Handlungen, die Repressalien und die Gewalt in der DDR. Damit brachten sie mir viel Vertrauen entgegen.

Zudem unterstützten mich das *Bürgerbüro e. V. – Verein zur Aufarbeitung von Folgeschäden der SED-Diktatur*, die Gedenkstätte Berlin-Hohenschönhausen, die Gedenkstätte Geschlossener Jugendwerkhof Torgau, das Koordinierende Zeitzeugenbüro der Gedenkstätte Berlin-Hohenschönhausen, das Presse- und Informationsamt der Bundesregierung, die Robert-Havemann-Gesellschaft, das Stasimuseum Berlin/ASTAK e. V., die Stiftung Berliner Mauer, die *Union der Opferverbände Kommunistischer Gewaltherrschaft* (*UOKG*), der Verein *Hilfe für die Opfer von DDR-Zwangsadoptionen* (*OvZ-DDR e. V.*) sowie der Verein *Missbrauch in DDR-Heimen*.

Verwendete Literatur (Auswahl)

Behr, Katrin; Hartl, Peter: Entrissen. Der Tag, als die DDR mir meine Mutter nahm, München 2014

Berger, Almuth: Arbeiter der Freundschaft? Meine Erfahrungen als Pastorin, als Staatssekretärin und bei den Verhandlungen in Maputo 1990, in: Döring, Hans-Joachim; Rüchel, Uta (Hrsg.): Freundschaftsbande und Beziehungskisten. Die Afrikapolitik der DDR und der BRD gegenüber Mosambik, Frankfurt am Main 2005

Berger, Almuth: Die ausländerpolitischen Vorstellungen des Runden Tisches und ihre gesellschaftliche Situiertheit, in: Zwengel, Almut (Hrsg.): Die Gastarbeiter der DDR. Politischer Kontext und Lebenswelt, Berlin 2011

Bertram, Christiane: Historisches Denken fördern durch die Einbindung von Zeitzeugenaussagen – Eine Unterrichtseinheit zur Friedlichen Revolution in der DDR, in: Henke-Bockschatz, Gerhard (Hrsg.): Neue geschichtsdidaktische Forschungen, Göttingen 2016

Biermann, Wolf: Im Bernstein der Balladen. Lieder und Gedichte, Berlin 2016

Biermann, Wolf: Warte nicht auf bessre Zeiten! Die Autobiographie, Berlin 2016

Bohley, Bärbel; Praschl, Gerald; Rosenthal, Rüdiger: Mut. Frauen in der DDR, München 2005

Bohley, Bärbel; Neubert, Ehrhart: Wir mischen uns ein. Ideen für eine gemeinsame Zukunft, Freiburg im Breisgau 1998

Bugiel, Britta: Rechtsextremismus Jugendlicher in der DDR und in den neuen Bundesländern von 1982–1998, Münster 2002

Dietrich, Christian; Schwabe, Uwe (Hrsg.): Freunde und Feinde: Friedensgebete in Leipzig zwischen 1981 und dem 9. Oktober 1989. Dokumentation, Leipzig 1994

Eisenfeld, Bernd: Die Ausreisebewegung – eine Erscheinungsform widerständigen Verhaltens, in: Poppe, Ulrike; Eckert, Rainer; Kowalczuk, Ilko-Sascha (Hrsg.): Zwischen Selbstbehauptung und Anpassung. Formen des Widerstandes und der Opposition in der DDR, Berlin 1995

Eisenfeld, Bernd: Flucht und Ausreise – Macht und Ohnmacht, in: Kuhrt, Eberhard; Buck, Hannsjörg F.; Holzweißig, Gunter (Hrsg.): Opposition in der DDR in den 70er Jahren bis zum Zusammenbruch der SED-Herrschaft, Opladen 1999

Engelmann, Roger; Florath, Bernd; Heidemeyer, Helge; Münkel, Daniela; Polzin, Arno; Süß, Walter (Hrsg.): Das MfS-Lexikon. Begriffe, Personen und Strukturen der Staatssicherheit der DDR, Berlin 2012

Fricke, Karl-Wilhelm: Die Kommunalwahl 1989, in: Kuhrt, Eberhard; Buck, Hannsjörg F.; Holzweißig, Gunter (Hrsg.): Opposition in der DDR in den 70er Jahren bis zum Zusammenbruch der SED-Herrschaft, Opladen 1999

Furian, Gilbert: Mehl aus Mielkes Mühlen. Politische Häftlinge und ihre Verfolger, Erlebnisse, Briefe, Dokumente, Berlin 2012

Furian, Gilbert; Becker, Nikolaus: »Auch im Osten trägt man Westen.« Punks in der DDR – und was aus ihnen geworden ist, Berlin 2000

Geiger, Hansjörg: Zur Transformation in Deutschland – Umgang mit ehemaligen Mitarbeitern des Ministeriums für Staatssicherheit im wiedervereinigten Deutschland. Ein Erfahrungsbericht, in: Smidt, Wolbert K.; Mohr, Irina; Müller-Enbergs, Helmut (Hrsg.): Der allmächtige Geheimdienst – Ein Relikt der Vergangenheit? Zur Transformation der Geheimdienste Mittel- und Osteuropas nach 1990, Berlin 2012

Geyer, Hermann: Nikolaikirche, montags um fünf. Die politischen Gottesdienste der Wendezeit in Leipzig, Darmstadt 2007

Gieseke, Jens: Die Stasi 1945–1990, München 2011

Grammes, Tilman; Zühlke, Ari: Ein Schulkonflikt in der DDR. Dokumentenband, Bonn 1993

Grammes, Tilman; Zühlke, Ari: Ein Schulkonflikt in der DDR. Leitfaden zum Dokumentenband, Bonn 1993

Hertle, Hans-Hermann; Wolle, Stefan: Damals in der DDR. Der Alltag im Arbeiter- und Bauernstaat, München 2004

Jahn, Ute: Jugendwerkhöfe und sozialistische Erziehung in der DDR, Erfurt 2010

Kaminsky, Anne (Hrsg.): Orte des Erinnerns. Gedenkzeichen, Gedenkstätten und Museen zur Diktatur in SBZ und DDR, Bonn 2007

Klein, Thomas: »Frieden und Gerechtigkeit!« Die Politisierung der Unabhängigen Friedensbewegung in Ost-Berlin während der 80er Jahre, Köln 2007

Kloth, Hans Michael: Vom »Zettelfalten« zum freien Wählen. Die Demokratisierung der DDR 1989/90 und die »Wahlfrage«, Berlin 2000

Kneipp, Danuta: Im Abseits. Berufliche Diskriminierung und politische Dissidenz in der Honecker-DDR, Köln 2009

Kowalczuk, Ilko-Sascha: Endspiel. Die Revolution von 1989 in der DDR, München 2015

Kowalczuk, Ilko-Sascha: Geist im Dienste der Macht. Hochschulpolitik in der SBZ/DDR 1945 bis 1961, Berlin 2003

Kowalczuk, Ilko-Sascha: Stasi konkret. Überwachung und Repression in der DDR, München 2013

Kukutz, Irena: Chronik der Bürgerbewegung Neues Forum 1989–1990, Berlin 2009

Neubert, Ehrhart; Auerbach, Thomas: »Es kann anders werden«. Opposition und Widerstand in Thüringen 1945–1989, Köln 2005

Neubert, Ehrhart: Geschichte der Opposition in der DDR 1949–1989, Bonn 2000

Neubert, Ehrhart: Gesicht und Stimme der Revolution: Bärbel Bohley, in: Henke, Klaus-Dieter (Hrsg.): Revolution und Vereinigung 1989/1990. Als in Deutschland die Realität die Phantasie überholte, München 2009

Pietzsch, Henning: Jugend zwischen Kirche und Staat. Geschichte der kirchlichen Jugendarbeit in Jena 1970–1989, Köln 2005

Plato, Alexander von; Vilímek, Tomáš: Opposition als Lebensform. Dissidenz in der DDR, der ČSSR und in Polen, Berlin 2013

Rödder, Andreas: Deutschland einig Vaterland. Die Geschichte der Wiedervereinigung, München 2009

Scheer, Udo: Vision und Wirklichkeit. Die Opposition in Jena in den siebziger und achtziger Jahren, Berlin 1999

Schmitt Anna-Lena: Fremdenfeindlich motivierte Gewalt gegen ehemalige Vertragsarbeiter in den Jahren 1990 bis 2008, in: Zwengel, Almut (Hrsg.): Die Gastarbeiter der DDR. Politischer Kontext und Lebenswelt, Berlin 2011

Schöne, Jens: Die DDR. Eine Geschichte des »Arbeiter- und Bauernstaates«, Berlin 2014

Schönmeier, Hermann W.: Qualifizierung als Rückkehrvorbereitung ehemaliger Vertragsarbeiter aus Mosambik, in: Zwengel, Almut (Hrsg.): Die Gastarbeiter der DDR. Politischer Kontext und Lebenswelt, Berlin 2011

Schroeder, Klaus: Der SED-Staat. Geschichte und Strukturen der DDR 1945–1990, Köln 2013

Süß, Walter: Staatssicherheit am Ende. Warum es den Mächtigen nicht gelang, 1989 eine Revolution zu verhindern, Berlin 1999

Weber, Hermann: Die DDR 1945–1990, München 2012

Weinzierl, Alfred: 7. Mai 1989: Amtlich gefälscht, in: Weinzierl, Alfred; Wiegrefe, Klaus (Hrsg.): Acht Tage, die die Welt veränderten. Die Revolution in Deutschland 1989/1990, München 2015

Über die Autorin

Aleksandra Majzlic, geboren 1967, studierte Neuere Deutsche Literatur, Allgemeine und Vergleichende Literaturwissenschaft und Neuere und Neueste Geschichte in München. Als Jugendliche reiste sie oft in die DDR, da ihre Familie mütterlicherseits aus Sachsen stammt. Nach Stationen bei Printmedien, unter anderem der *Süddeutschen Zeitung*, lebt sie heute als freie Journalistin und Autorin in München.